Stephen Sokoloff, Walter Lanz

33 Wanderungen im Herzen Oberösterreichs

Impressum

Bibliografische Information der Deutschen Nationalbibliothek
Die Deutsche Nationalbibliothek verzeichnet diese Publikation in der Deutschen Nationalbibliografie; detaillierte bibliografische Daten sind im Internet über http://dnb.d-nb.de abrufbar.

Lektorat: Marlene Kühn
Grafik und Produktion: Nadine Kaschnig-Löbel
Fotografien: Olaf Meike: 56, 166; mit freundlicher Genehmigung von www.shutterstock.com: 97, 136–137, 209, 210; alle anderen von Stephen Sokoloff und Walter Lanz.
Kartenmaterial: Arge-Kartografie
gedruckt in der EU

ISBN 978-3-7025-0842-5

www.pustet.at

Stephen Sokoloff
Walter Lanz

33 Wanderungen im Herzen Oberösterreichs

VERLAG ANTON PUSTET

Inhalt

Wels und Scharten

Steyr

Ruine Klingenberg bei St. Thomas am Blasenstein

Vorwort

Wer kann von diesem Band profitieren?

Alle Bewohner des Zentralraums Oberösterreich, die Wanderungen in der näheren Umgebung ihrer Heimat unternehmen wollen. Man muss nicht immer weit weg oder ins Gebirge fahren, um etwas zu erleben – selbst, wenn man nicht so viel Zeit hat und womöglich kein Auto besitzt, kann man interessante Landschaften mit sehenswerten Besonderheiten erwandern. Auch Familien mit Kindern, Senioren und Menschen mit eingeschränkter Gehfähigkeit finden in diesem Buch wertvolle Anregungen für einen schönen Ausflug!

Welche Touren finde ich in diesem Führer?

Sämtliche Wanderrouten aus diesem Buch befinden sich in den Ballungsräumen von Linz, Wels und Steyr oder in deren Nähe. Viele sind direkt in den Städten gelegen und können problemlos an freien Vor- oder Nachmittagen oder auch nach der Arbeit absolviert werden. Die meisten Routen sind mit öffentlichen Verkehrsmitteln zu erreichen, wir erlauben uns aber auch ein paar „Seitensprünge“ zu besonders schönen Landschaften, die Sie mit dem PKW innerhalb einer dreiviertel Stunde vom Zentralraum aus erreichen können.

Die Routen sind durchgängig relativ leicht zu bewältigen: maximale Steigungen von 360 Höhenmetern, Längen bis zu

15 Kilometer. Der Schwierigkeitsgrad der jeweiligen Strecke wird genau beschrieben.

Welche Touren in diesem Buch sind besonders empfehlenswert?

Unsere persönlichen Favoriten: Feldaisttal, St. Thomas am Blasenstein, Panoramaweg bei Scharten, Dambergwarte, Gramastettner Runde, Linzer Stadtwanderung, Mirellentalwanderung, Kremsmünsterer Rundwanderweg.

Warum dieses Buch kaufen? Wozu überhaupt ein Wanderführer?

Freizeit ist für die meisten Menschen ein wertvolles aber knappes Gut. Auch Sie möchten diese kostbaren Stunden und Tage mit Sicherheit möglichst ohne Abstriche genießen. In diesem Guide haben wir deswegen alle Touren für Sie getestet und beschreiben sie inklusive ihrer Stärken und Schwächen. Bei der Vorbereitung dieses Bandes wanderten wir mitunter auf Routen, die zum größten Teil neben viel befahrenen Straßen verlaufen, nicht mehr zu begehen oder schlecht beschildert sind – natürlich sollten solche Wanderungen nicht in diesem Buch vorkommen und so haben wir die schönsten Strecken ausgesucht.
Unser Motto: Wir lotsen Sie auf den richtigen Pfad, damit Ihre Wanderung zu einem Vergnügen wird!

Welche Haltung zum Wandern legt dieses Werk nahe?
Eine Wanderroute ist viel mehr als eine Walking-Strecke – sie ist ein begehbares Buch. Wir können uns unterwegs über Natur, Geschichte, Landwirtschaft und eventuelle lokale Probleme informieren, kulinarische Leckerbissen genießen und neue

Menschen kennenlernen. Natürlich ist die Bewegung und der sportliche Aspekt ein wesentliches Element – wir lassen uns aber nicht von Zeitvorgaben tyrannisieren, jeder soll sein eigenes Tempo finden und ist nicht gezwungen, ständig im Laufschritt unterwegs zu sein.

Weberbartlweg

Unsere Schwierigkeitsstufen

Farbcode:

Leicht Mittelschwer Anspruchsvoll

Routen, die in herkömmlichen Wanderführern als schwierig eingestuft sind, kommen bei uns gar nicht erst vor. Wir berücksichtigen den Aufstieg, die Beschaffenheit des Weges und die Länge der Strecke.

Leicht: Die Wege sind ziemlich eben und weisen nicht mehr als 150 Meter Steigung auf.

Mittelschwer: Die Steigungen erreichen nicht mehr als 200 Höhenmeter, die Wege können allerdings teilweise uneben sein (z.B. gibt es hartnäckige Schlammpfützen oder Wurzeln und Steine erschweren das Gehen.

Anspruchsvoll: Anstiege bis zu 360 Höhenmeter und/oder schwierige kurze Passagen (sehr steil bzw. sehr uneben). Außerdem finden Sie genauere Beschreibungen der Schwierigkeiten bei den jeweiligen Touren.

Gehzeiten: Die Gehzeiten wurden einheitlich mit einer durchschnittlichen Geschwindigkeit von 4 km/h berechnet und sind eher großzügig bemessen.

Allgemeines: Wir haben uns bemüht, nützliche Hinweise zu Einkehrmöglichkeiten und der Erreichbarkeit mit öffentlichen Verkehrsmitteln für Sie bereitzustellen. Bitte beachten Sie dennoch, dass Öffnungs- und Abfahrtzeiten, Linienfahrpläne etc. sich immer ändern können (manche Gaststätten haben beispielsweise saisonal unterschiedliche Öffnungszeiten) und Sie auf der sicheren Seite sind, wenn Sie sich vor einer geplanten Wanderung nochmals über den aktuellen Stand informieren!

Danksagung an unsere Lektorinnen Martina Schneider und Marlene Kühn sowie an Stephen Sokoloffs Gattin Bozena, die ihn bei allen Wanderungen begleitet und viele Anregungen geliefert hat. Ebenso an Olaf Meike für seine fotografische Unterstützung.

Erklärung der Symbole

kulturell interessant und informativ

schöner Ausblick

im Winter begehbar

Naturerlebnis

barrierefrei und für Kinderwagen geeignet

Linz und näheres Mühlviertel

1 Ottensheim: Donau-Panoramaweg

Diese Wanderung belohnt uns mit Ausblicken auf Ottensheim und das Stift Wilhering, die in einer harmonischen Kulturlandschaft eingebettet liegen. Man wandert gemächlich auf und ab, meist auf Asphalt- und Schotterwegen. Die Route ist gut beschildert.

Schwierigkeit	mittelschwer
Steigung	258 hm
Länge	8,2 km (ca. 2 Stunden Gehzeit)
Einkehr	Restaurant Donauhof am Anfang bzw. Ende der Route (www.donauhof.cc) Gasthaus Dürnberg ein Kilometer vor Ende der Route (www.gasthaus-duernberg.at)
Anreise	von Linz auf der Donauuferstraße B 127 bis Ottensheim. Im Zentrum sind links vom Hauptplatz kostenlose Parkplätze an der Donau zu finden. **Öffentlicher Verkehr:** Mühlkreisbahn 142 von Linz Mühlkreisbahnhof nach Ottensheim. Postbus/ÖBB Linie 200 von Linz Hbf. bis Haltestelle Ottensheim Marktplatz

Vom Marktplatz bis zum Weiler Wöginger

Wir starten an der Ostseite des Marktplatzes, begeben uns in die Linzer Straße und lassen uns weiter von den

Donausteig-Wegweisern bis zur Weingartenstraße lenken. Nach Überquerung der B 127 finden wir uns in einer parkähnlichen Landschaft wieder. Von der Hambergstraße geht es rechts auf den Mühlenweg und danach wieder rechts in den Blecherweg, der in die Siglbauernstraße mündet. Hier beeindrucken uns stattliche Häuser mit großen Gärten. Anschließend marschieren wir auf einem Feldweg bergwärts und orientieren uns an den Telefonmasten in der Ferne. Bei einem Asphaltweg wenden wir uns zuerst nach rechts, dann leitet uns die kleine Straße links herum. So gelangen wir zu einem Hochsitz (1,8 km). Weiterhin ist steter Aufstieg angesagt. Dann marschieren wir nach links in eine selten befahrene Straße. Auf halber Höhe erquickt uns eine prachtvolle Aussicht auf Ottensheim und das Stift Wilhering. Anschließend nehmen wir rechterhand den asphaltierten Güterweg Maurederstraße und wenden uns nach links auf einen Pfad, der durch einen dichten Buchenwald führt.

Immer noch emporstrebend, erreichen wir mitten in einer Ackerlandschaft den Weiler Wöginger. Die Einladung einer Bank vor der Kapelle nehmen wir dankbar an und lassen die abwechslungsreiche Szenerie – vom Flachland des nördlichen Donauufers bis zu den sanften Hügeln des Mühlviertels – auf uns wirken (2,6 km).

Vom Weiler Wöginger bis Dürnberg

Zu unserem nächsten Ziel, Dürnberger/Loislbauer, führt eine Asphaltstraße nach rechts. Sie verläuft bergauf und bergab

durch eine bäuerliche Landschaft mit steilen Hügeln. Bei der Gabelung Dürnberg/Schlagbergstraße wählen wir den Güterweg Dürnberg nach rechts. Hier können wir die Donau und die Halbinsel beim Kraftwerk Ottensheim-Wilhering weit überblicken. Wir steigen weiter hinauf bis zur Ortschaft Dürnberg (4,4 km).

Von Dürnberg bis zum Marktplatz Ottensheim

Nach der Ortschaft Dürnberg beginnt der Abstieg und wir genießen den bisher eindrucksvollsten Panoramablick über das Stift Wilhering und Ottensheim. Bei einem gelb getünchten

Bauernhaus auf halber Höhe dirigiert uns ein Wegweiser, der nur auf der Rückseite beschriftet ist, durch Obstbaumwiesen auf einen abschüssigen Feldweg. Dieser setzt sich dann als Asphaltweg fort und schleust uns durch einen Wald. Nach links leitet nun ein Pfad über Niederottensheim (6,3 km) durch dichten Mischwald. Anschließend biegen wir links Richtung Ottensheim ab.

Wir wandern einige Meter auf der B 127, ehe uns eine Treppe nach links hinabführt und wir die Straße in einer Fußgänger-Unterführung durchqueren. Dann wenden wir uns nach rechts und gelangen in den Bereich des Bahnhofs Dürnberg (6,8 km). Schließlich passieren wir das Gasthaus Dürnberg. Von dort lenkt die Straße unsere Schritte zunächst an Bahngleisen entlang,

bis wir diese links überqueren und nach einigen Metern zu einem beschaulichen Bach mit dschungelartiger Vegetation hinabblicken. Schließlich bringt uns der Donau-Treppelweg den letzten Kilometer nach Ottensheim zurück (8,2 km). Von einer Bank aus schweift das Auge über die Landschaft: linkerhand dicht bewachsene Donauhänge, rechterhand der Ort. Das leider nicht zugängliche Schloss wurde schon 1148 urkundlich erwähnt. Im 16. Jahrhundert hat man die damalige Burg in ein Renaissanceschloss umgewandelt, das im 19. Jahrhundert erneut große bauliche Veränderungen erfuhr. Heute repräsentiert der Bau eine Mischung aus mittelalterlichen Bauteilen und solchen aus der Renaissance mit romantischen architektonischen Adaptionen aus dem 19. Jahrhundert. Die spätgotische Pfarrkirche auf dem Marktplatz wurde nach einem Brand von 1899 restauriert, wobei ihr Turm einen schlanken Spitzhelm erhielt. Ein Ottensheimer Kuriosum ist die 1870 errichtete Drahtseilbrücke mit Überfuhrschiff, die bis zum heutigen Tag Fahrzeuge und Passagiere über den breiten Strom transportiert.

2 *Prinzensteig: Wilhering bis St. Margarethen*

Wir wandern oberhalb der Donau und erspähen durch den Wald hindurch den mächtigen Strom. Gelegentlich sind kurze, steile Felspassagen kletternd zu überwinden – ein beinah alpines Erlebnis in Stadtnähe! An der Grenze des einstigen Römischen Reiches entdecken wir Reste eines antiken Verteidigungsturms.

Schwierigkeit	anspruchsvoll (Kletterpassagen)
Steigung	216 hm
Länge	9,3 km (2,5 Stunden Gehzeit)
Einkehr	Gasthof Rothmayr am Ende der Strecke (www.gasthofrothmayr.com)
Anreise	von Linz aus auf der B 129 nach Wilhering. Am Stift vorbei, dann nach rechts zum beschilderten Parkplatz. **Öffentlicher Verkehr:** Bus Linie 675 und 676 der WILIA von Haltestelle Obere Donaulände bis Haltestelle Wilhering. Postbusse (z.B. Linie 705 und 707) von Linz Hbf. bis Haltestelle Wilhering verkehren nur an Wochentagen

Von Wilhering zum Römerturm

Die Stiftskirche von Wilhering am Ausgangspunkt unserer Tour wurde 1733 nach einem Brand wieder aufgebaut. Die reiche Rokoko-Ausstattung mit Fresken, Malereien, Skulpturen und Stuckatur lässt das Gotteshaus lebendig wirken. Das Rokoko war eine Übersteigerung des Barocks, das darauf ausgerichtet war, die Freuden des Himmels zu versinnbildlichen und Anhänger des protestantischen Glaubens zur Rückkehr zur katholischen Kirche zu bewegen. Während die barocke Architektur auf strengen Linien und Kurven basiert, werden diese im Rokoko in fließende Formen verwandelt.

Vom Parkplatz des Stiftsgymnasiums marschieren wir zur B 129 zurück, wenden uns nach links, passieren das Stift und begeben uns nach rechts auf den Prinzensteig (beschildert). Dieser führt bequem auf Asphalt empor. „Prinzensteig"-Wegweiser leiten uns dann zu einem gut begehbaren, mit Schotter bedeckten Waldweg, der noch weiter ansteigt – insgesamt überwinden wir hier 60 Höhenmeter. Durch einen Buchen-Fichten-Mischwald gelangen wir nach 2,25 Kilometern zu einer seitlich offenen Hütte mit einem Picknicktisch. Nun steigt der Pfad weiter an, wird uneben und erreicht seinen höchsten Punkt (3,75 km). Immer wieder müssen wir hinauf- und hinabsteigen, um die Felsabhänge des Kürnberger Waldes zu überqueren. Dabei klettern wir kurz auf unregelmäßigen und kaum erkennbaren Stufen über Felsen. Oft muss man hier überlegen, wo die Füße richtig zu platzieren sind. An ebenen Stellen sammelt sich mitunter Schlamm an.

Die Route entlang der Donau ist durchaus romantisch, aber erst in Friesenegg können wir ungehinderte Sicht auf den Fluss genießen. Hier oben befinden wir uns in einer

verzauberten Welt. Dennoch dringt ein leises Geräusch der Zivilisation – nämlich das Rauschen des Verkehrs – zu uns durch. Der Abstieg fängt ebenfalls recht abenteuerlich an, dann aber verwandelt sich der Weg nach und nach in einen ebenen Pfad. 500 Meter vor dem Römerturm gelangen wir zu einer Forststraße. Das quadratische Fundament des Turms aus dem Ende des 2. Jahrhunderts entdecken wir auf einem beschaulichen Rastplatz mit Picknicktischen und Lehrtafeln ein wenig abseits der Strecke (4,9 km). Damals bildete die Donau die Grenze des Römischen Reiches und es galt, das Eindringen feindlicher germanischer Stämme zu verhindern. Wurden ihre Truppen gesichtet, konnten die Verteidiger optische und akustische Warnsignale an andere Wachtposten weiterleiten. Durchschnittlich sechs Mann versahen hier ihren Dienst.

Wir befinden uns nun auf der Höhe von Puchenau und können den Linzer Ortsteil durch den Wald hindurch erkennen. Leider ist die Vegetation so dicht, dass wir keinen freien Ausblick auf die Donau genießen können. Nun kehren wir zur Forststraße zurück, die ein wenig auf und ab verläuft. Nach einem Kilometer gelangen wir zur vielbefahrenen Leondinger Straße, an der wir rechts abzweigen. Nach wenigen Metern wenden wir uns nach links, überqueren den Verkehrsweg und setzen unsere Route auf einem Pfad fort. Dort, wo eine Forststraße nach links abbiegt, halten wir uns rechts und folgen den rot-weiß-roten

Markierungen. Die Route läuft in Kurven durch den Wald, steigt dabei allmählich 70 Höhenmeter an und führt zu einer Schrebergartenanlage, wo sie wieder leicht abfällt.
Wir erreichen die Friesenegger Straße und wenden uns nach rechts. Nach 100 Metern gelangen wir zum „13er-Turm“ (7,1 km). Dieser war ein Teil der 1831–1838 erbauten Maximilianischen Verteidigungsanlage mit 32 Türmen, die Linz weitläufig umfasste. Ihr Zentrum befand sich auf der Spitze des Pöstlingbergs, dessen weiße Wallfahrtskirche auf unserem Wanderweg immer wieder ins Sichtfeld rückt. Am Anfang des 19. Jahrhunderts hatten napoleonische Truppen Linz dreimal besetzt, weshalb es galt, die Landeshauptstadt vor eventuellen neuen Eroberern zu schützen. Im folgenden Jahrhundert kam es allerdings nie zu einem Angriff und die aufwendige militärische Einrichtung wurde bald infolge des technischen Fortschritts obsolet. Heute dienen einige Türme als Privatwohnungen, während andere gänzlich verschwunden sind (siehe Wanderung 3, Türmewanderung Leonding).
Vom Turm können wir das orangefarbene Haus des Mostbauers Rathwieser abseits unserer Route sehen (siehe Wanderung 3). Nun aber marschieren wir in die entgegengesetzte Richtung. Wir passieren die vorherige Abzweigung und setzen unseren Weg auf der Friesenegger Straße Richtung Donau fort. Wer die mäßig befahrene Asphaltstrecke meiden möchte, nimmt einen Bus vom 13er-Turm nach St. Margarethen. Allerdings verkehrt dieser am Samstag Nachmittag und an Sonntagen nicht. Die richtige Donausteig-Route ist

hier wegen fehlender Beschilderung eher schwer zu finden – wer sich also nicht auf ein Abenteuer einlassen will, folgt der Friesenegger Straße und ihrer Fortsetzung, der Zaubertalstraße, bis nach St. Margarethen.
Ein markierter Donausteig-Weg führt nach rechts über einen Bach zum Freinberg hoch (siehe Wanderung 11). Wir bleiben aber auf der Straße. Nun passieren wir die Maria-Thal-Barockkapelle von 1690 (heutige Gestalt: 1746–1749).
Tipp: Auf der abzweigenden Straße, die an ihr vorbeiführt, erreicht man nach einigen Schritten die barocke Kalvarienbergkirche St. Margarethen (1688). Von dieser leitet ebenfalls ein Pfad zum Freinberg hinauf. Die Zaubertalstraße bringt uns zur B 129, wo Busse nach Linz und Wilhering verkehren (9,3 km). Rechterhand entdecken wir das Gasthaus Rothmayr.

3 *Türmewanderung Leonding*

Wie Generäle inspizieren wir bei dieser Wanderung die Verteidigungsanlage des Kaisers Maximilian. Die Ironie der Geschichte: Kurz nachdem die militärischen Objekte fertiggestellt und bereit für den Einsatz waren, waren sie auch schon überflüssig und konnten ihren Zweck nicht mehr erfüllen. Oder besser gesagt, für längere Zeit nicht, denn die Türme waren strategisch dermaßen klug positioniert, dass sie die Wehrmacht im Zweiten Weltkrieg nutzte. Auf dieser Tour erfahren wir, wie manche der noch erhaltenen Objekte in der heutigen Zeit verwendet werden.

Schwierigkeit	leicht
Steigung	141 hm
Länge	6,1 km (ca. 1,5 Stunden Gehzeit)
Einkehr	Mostbauer Rathwieser nach 2,7 km Gasthaus Niederberger in Holzheim
Anreise	von Linz kommend auf der Oberen Donaulände Richtung Wilhering nach Margarethen (B 129). Hier kann man entlang der Donau parken. **Öffentlicher Verkehr:** Bus Linie 26 der Linz Linien bis Margarethen (Haltestelle Obere Donaulände/Hauptplatz)

Von Margarethen bis zum 14er-Turm

Wir parken in Margarethen neben der B 129 gegenüber der Volksschule und marschieren die Zaubertalstraße bergauf. Links sehen wir die Maria-Thal-Kapelle, die von ungewöhnlich mächtigen Pfeilern auf dem Hang gestützt wird. Wir machen einen Abstecher nach links hinauf, durchschreiten den Bogen der Kapelle und kommen zur Kalvarienbergkirche (0,3 km), bei der eine Aussichtsplattform einen ersten schönen Blick auf die Donaulandschaft bietet. In diesem Gotteshaus finden den Informationen einer Anrainerin zufolge jährlich beeindruckende Osterzeremonien mit Prozessionen samt Laternen und unzähligen Osterkerzenlichtern statt.

Zurück auf unserer Strecke gehen wir, begleitet von einem murmelnden Bach, weiter bergauf und erreichen bald die Ortstafel Zaubertal (Ortsteil Graben). Hier übernimmt nun die Lärchenauerstraße die Führung, der wir in eine Rechtskurve folgen. Es geht leicht steigend weiter, bald wenden wir uns nach rechts in die Donaublickgasse. Hier passieren wir gepflegte Häuser und Gärten. Einige Meter folgen wir erneut der Lärchenauerstraße, dann an der Gabelung geht es weiter in die Seilhuemerstraße. Leicht bergwärts begleitet uns eine Fichtenallee bis zum Haus Nr. 16, wo wir – ohne Wegweiser – nach links den schmalen Fußweg einschlagen. Nach einem Linksbogen auf den Haiböckweg stoßen wir bei einer kreisförmig angeordneten Baumgruppe auf das Fundament des 14er-Turms (Hildegard; 1,5 km). Ein Abstecher zu einem Marterl außerhalb entschädigt uns mit Panoramablick nach

Der 13er-Turm

Osten und Westen für das fehlende Bauwerk. Wer sich ab dem Ende der Donaublickgasse einmal umdreht, kann auch den Pöstlingberg samt Kirche erspähen.

Vom 14er-Turm bis zum 13er- und zum 12er-Turm

Ab dem Turmfundament wandern wir leicht bergab und passieren nach 200 Metern das Ortsschild Friesenegg. Hier biegen wir leicht rechts ab. Die Friesenegger Straße mäandert nun munter talwärts und steigt dann für einige hundert Meter an, bis das nächste Objekt unserer Begierde, der 13er-Turm (Genoveva; 2,3 km), auftaucht. Wir machen einen Rundgang um die gut erhaltene, ursprüngliche Anlage und lassen unseren Blick über die Welser Heide und den Kürnberger Wald schweifen. Bergab steuern wir auf der Lugwiesstraße schließlich die Ortschaft Berg an. Beim Mostheurigen haben wir Gelegenheit zur Erfrischung und gelangen gut gestärkt zum 12er-Turm (Agnes; 2,9 km), der als modernisiertes Wohngebäude sogar über einen Außenlift verfügt.

Vom 12er-Turm bis zum Stadtmuseum Leonding

Die Lugwiesstraße mündet nach einigen hundert Metern in die Aichbergstraße, der wir links leicht bergab folgen. Wir genießen nun einen weiteren Rundblick mit Aussicht auf die Pöstlingbergkirche, über den Freinberg mit dem Sendemasten

bis hinüber zum Ansfeldener Sender, all das gesäumt von Feldern, Wiesen und dem Kürnberger Wald.

Weiter unten angelangt, überqueren wir die Holzheimerstraße und folgen der Aichbergstraße weiter geradeaus bergauf. Rechterhand erscheint der Stadlerhof. An der Leondinger Straße angekommen, marschieren wir nach links. Vor einer Bushaltestelle zweigt der Türmewanderweg nach rechts zu den Türmen 10 und 9 ab. Rechts befindet sich der 10er-Turm, der eine Modeagentur beherbergt (4,3 km).

Nicht weit entfernt treffen wir in der Daffingerstraße auf den Turm Nr. 9, in dem das Stadtmuseum Leonding untergebracht ist (4,7 km). Auf einer Fläche von 800 m^2 wird die Geschichte der Region anhand von historisch wertvollen Exponaten, die bis in die Zeit vor 26 Millionen Jahren zurückreichen, und durch Audio-Video-Installationen erlebbar gemacht. Auf dem Weg retour marschieren wir rechts am Gehsteig der Leondinger Straße entlang, bis wir die Ziegeleistraße erreichen. Nach etwa 100 Metern treffen wir auf die Bushaltestelle (6,1 km), von der aus man mit der Linie 26 ins Zentrum von Linz oder zurück zum Ausgangspunkt in Margarethen fahren kann.

Maria-Thal-Kapelle vor der Kalvarienbergkirche

4 *Eidenberger Höhenweg*

Viele Bewohner der Landeshauptstadt pilgern immer wieder gern auf die „Gis“, zur Giselawarte auf einem der Hausberge von Linz. Wenige nehmen sich aber Zeit für die Rundwanderung von Eidenberg aus, die entspannte Bewegung und tolle Ausblicke bietet. Nach ausreichender Betätigung in purer Natur lässt man es sich dann schließlich bei einer zünftigen Jause gutgehen.

Schwierigkeit	mittelschwer
Steigung	366 hm
Länge	10,2 km (ca. 2,5 Stunden Gehzeit)
Einkehr	Gasthaus zur Gis (www.gisaustria.com) nach 6,3 km, Gasthof Eidenberger Alm (www.eidenberger-alm.at) nach 9,2 km, Eidenberger's (www.eidenbergers.at) am Anfang der Strecke
Anreise	in Linz über die A7 und die Leonfeldner Straße B126. Bei Gründberg in die Pachmayrstraße links abbiegen, weiter bis Lichtenberg. Im Ort dem Wegweiser links bis nach Eidenberg folgen. **Öffentlicher Verkehr:** Postbus/ÖBB Linie 252/253 von Linz Hbf. nach Eidenberg verkehren nur wochentags

Von Eidenberg bis zur Giselawarte

Wir starten im Ortszentrum beim Kindergarten und der Schule von Eidenberg. Dem Holzschild „Eidenberger Höhenweg“ folgend überqueren wir die Bundesstraße und gehen am Dienstleistungszentrum vorbei über die Stiftsstraße bergab. Sogleich öffnet sich ein schöner Blick über die Mühlviertler Hügellandschaft. Nach 150 Metern weist uns das Schild (Route 16) auf den Güterweg Schmiedweg am Friedhof vorbei. Wiesen, Äcker, Waldstücke, Baumgruppen und -alleen erfreuen das Auge. Wir wandern durch das Örtchen Schmied und biegen vor einem Bach links ab. Nach Überquerung des Gewässers gelangen wir links auf einen Waldpfad. Der Weg macht einen Rechtsschwenk zu einem kleinen Mischwald, der uns quer hinauf über eine Wiese führt. Als wir uns umdrehen, werden wir bereits mit einem idyllischen Panorama von Eidenberg belohnt, linkerhand ragt der Lichtenberg-Sender empor. Gleich darauf gelangen wir zu einem Bauernhof. Auf einer Asphaltstraße folgen wir dem Ederweg, wo wir eine kleine Kapelle entdecken (2,4 km). Ein prachtvoller Ausblick über Wiesen, Wälder, verstreut liegende Häuser und Kirchen lässt uns innehalten. Wir beschreiben eine Rechtskurve nach unten, bei einer Holzhütte wird die Strecke flach. Immer wieder wechseln die Panoramen, stets aber mit den gleichen Natur- und Kulturelementen der Landschaft – allein unsere Bewegung verschiebt die Kulissen.

Der Höhenweg zweigt nach einer Weile beim Bauernhof Oberreisinger nach links ab, wo er die Route 16 verlässt

(3,4 km). Nun geht es auf Asphalt tüchtig bergauf, links führt uns ein Schotterweg in einen Wald. Hier können wir uns an der rot-weiß-roten Markierung orientieren, manchmal auch an Schildern mit der Aufschrift „Nr. 24". Der Untergrund ist etwas steinig, aber problemlos zu begehen. Da – ein Reh huscht durchs Unterholz – schon ist es wieder verschwunden. Die Sonne legt einen Strahlenschleier auf die zarten Triebe der Jungpflanzen. Wir überqueren bald eine Fahrstraße, setzen den Marsch hinauf geradeaus fort und treffen auf eine Streuobstwiese mit Mostbäumen. Schließlich gelangen wir an eine Kreuzung mit Kapelle und wandern weiter geradeaus bzw. links. Die Route steigt weiter moderat durch dichten Wald an.

Der Weg verläuft nun zusehends flacher, die nur von Vogelstimmen durchbrochene Stille tut uns wohl. Im weiteren

Verlauf weichen die Bäume zugunsten von ansehnlichen Heidelbeerschlägen zurück. An einer Wiesengabelung zeigt das Schild nach links, wir leisten artig Folge. Bergab lässt sich der Sendemast durch die Baumreihen erspähen. Die Route wird erst flach, um dann wieder sanft anzusteigen. Wir queren einen Forstweg und gelangen zu einer Fahrstraße, der wir ein Stück weit rechts folgen. Hier treffen wir gegenüber einem Wartehäuschen auf das Wipflerbergkreuz (5,2 km). Wir marschieren daraufhin auf den Höhenweg und biegen einige Meter später rechts in den Kramerweg ein. In der kleinen Siedlung stechen uns die Häuser mit Steinbloßmauerwerk ins Auge. An der nächsten Kreuzung tauchen wir links in ein schattenspendendes Waldstück ein und marschieren dann links einigermaßen steil bergwärts. Der Sendeturm ist nun zum Greifen nahe,

der Weg schlängelt sich hinauf bis zur Gis (6,3 km), wo wir eine verdiente Rast einlegen. Hier kann man an klaren Tagen Panoramasichten über Teile der Alpenkette genießen.

Vom Gasthaus zur Gis zurück nach Eidenberg

Oberhalb des Gastronomie-Betriebs setzt sich unsere Wanderung fort; es geht hier noch einmal kurz bergauf. Am Sender vorbei verläuft ein geschotterter Asphaltweg geradeaus, zuerst eben und dann hinunter; dabei folgen wir weiter den rot-weiß-roten Markierungen (Nr. 140).

An einer Fahrstraße (7,4 km) überqueren wir diese und setzen weiter rechts den Weg am Wald entlang fort. Unsere Route verläuft zuerst auf einer Forststraße, dann rechts auf einem wurzeligen und steinigen Waldpfad. Schließlich treffen wir weiter unten an einer Kreuzung auf eine Waldkapelle, an der wir links abzweigen (8,1 km). Der ebene Weg dirigiert uns bei einer Gabelung nach links hinunter zu einer Fahrstraße und einer Häuserzeile. Wir überqueren diese und setzen den Weg zwischen Häusern und Wiesen einen Hang hinab fort. Schließlich gelangen wir zum Gasthaus Eidenberger Alm (9,2 km). Danach geht es nach unten auf einer Asphaltstraße bis zu einem Gehöft – hier heißt es Obacht geben: Beim ersten Gebäude ist die Markierung zur Orientierung unterhalb dieses Hauses auf einer Bank angebracht! Wir passieren weidendes Rindvieh und gelangen über Wiesen und an Wäldchen vorbei – nicht, ohne uns noch einmal an den wunderbaren Ausblicken zu erfreuen – zu unserem Ausgangspunkt in Eidenberg zurück (10,2 km).

5 *Hambergwirtrunde in Gramastetten*

Diese wildromantische Tour durchs Rodltal führt uns eindrucksvoll die Schönheit ursprünglicher Natur vor Augen. Grandiose Felsformationen, urwüchsige Baumriesen und unbezähmbare Wassermassen flößen Respekt ein, harmonische Blicke auf die Hügellandschaften um Gramastetten weiten das Herz.

Schwierigkeit	anspruchsvoll (die Steigung ist komplett auf der zweiten Hälfte der Strecke zu absolvieren, besonders die Schlussetappe hat es in sich)
Steigung	271 hm
Länge	8,0 km, (ca. 2 Stunden Gehzeit)
Einkehr	Kirchenwirt z'Gramastetten am Anfang der Strecke (www.kirchenwirt-stoebich.at), Pizzeria Leone in Gramastetten
Anreise	von Linz über den Pöstlingberg und Neulichtenberg über die Hansberg Landesstraße nach Gramastetten. Beim Gemeindeamt stehen Parkplätze zur Verfügung. **Öffentlicher Verkehr:** mit Postbus/ÖBB Linie 252/253 von Linz Hbf. bis Gramastetten (Linzer Straße, zum Ausgangspunkt bei der Pfarrkirche gelangt man über die Marktgasse)

Vom Zentrum bis zum Waldbad

Vom Ausgangspunkt vor der Pfarrkirche folgen wir dem Wegweiser „Hambergwirt Nr. 14“ und der Maximilianstraße links hinunter, biegen rechts in den „Krampusberg“ ein und marschieren am großzügigen Bau einer Seniorenresidenz vorbei. Bei einem alten stämmigen Mostbirnenbaum nehmen wir links den Wiesenweg, der uns zu einem Wald hinunter führt. Dort stoßen wir auf den „Opa-Oma-Enkel-Wald“, ein Areal, auf dem Volksschüler 200 Laub- und Nadelbäume sowie Sträucher angepflanzt haben und diese nun gemeinsam mit den Erwachsenen pflegen.

Wir wandern auf einem Waldpfad talwärts, bis uns der Pfeil „Nr. 14“ auf einen breiteren Weg nach rechts leitet. Hier treffen wir auf eine Reihe von Infotafeln, die uns Waldtiere und -pflanzen näher bringen. Die Strecke mäandert unter der rauschenden Begleitung des Rodlbachs hinunter, bis wir auf eine Asphaltstraße stoßen. An dieser Stelle zweigen wir links ab. Nach 100 Metern hat man die Möglichkeit, geradeaus zur Jahrhundertstiege – einer Anlage aus Natursteinen mit 365 Stufen – zu gelangen, oder wie wir nach rechts zum Waldbad zu marschieren (1,1 km). Hier hat man nicht nur als Badegast Gelegenheit, die spektakulären „Wasserspiele“ der Rodl zu erleben. Neben Bänken, einer Liegewiese und einem Spielplatz stehen an sonnigen Badetagen bei entsprechendem Betrieb auch ein Imbiss-Stand mit Tischen und Stühlen sowie eine Toilettenanlage zur Verfügung.

Vom Waldbad bis zur Klammleiten

Wir überqueren auf einem Holzsteg das tosende Gewässer und gehen links am Bach, immer leicht bergab, entlang. Der Weg wird zusehends steinig, ist aber einigermaßen

mühelos zu bewältigen. Baumriesen schauen mitleidig auf uns wandernde Winzlinge herab. Nach einer Weile tauchen rechterhand gewaltige Felsformationen auf und flößen uns noch mehr Ehrfurcht vor dieser urwüchsigen Landschaft ein. Plötzlich gesellt sich ein parallel zum Fluss verlaufender Wasserkanal dazu und wechselt bald die Wegseite nach rechts. Nach einer Kurve dann des Rätsels Lösung: Eine kleine Holzhütte entpuppt sich als die Klammleitenmühle, mit der seit 1890 Strom erzeugt wird. In den 1930er-Jahren versorgte dieses Privatkraftwerk Gramastetten und die umliegenden Ortschaften mit Elektrizität. Wir passieren auf flacher Strecke eine Siedlung mit Holzhäusern und auch das „Bloahäusl", das an das alte Handwerk des Bleichens erinnert. Gleich darauf treffen wir an einer Kreuzung mit Brücke auf die Klammleiten, den Zusammenfluss der beiden Flüsse Rodl und Ranitz (2,6 km).

Von der Klammleiten bis zum Hambergwirt

Nach dem Übersetzen der Brücke zweigen wir scharf rechts ab und begleiten ab hier nun die Ranitz, deren Name slawischen Ursprungs ist. Auch entlang dieses an den Ufern dicht begrünten Gewässers präsentiert sich die Natur ungezähmt mit Blockburgen aus Felsen und weit in den Fluss hineinragenden Bäumen. Wir kurven weiter talwärts, bis wir eine Talsohle erreichen. Ab hier entfernen wir uns immer mehr vom sprudelnden Gewässer und erreichen schließlich einen Maschendrahtzaun mit Gatter, das wir passieren. Danach zeigt unser Streckenguide „Nr.14" gnadenlos nach oben – ab hier haben wir uns auf einem Waldpfad auf eine mehrere hundert Meter lange „Bergetappe" einzustellen (4,2 km). Inzwischen hat sich der Fluss weit unten verabschiedet, der Weg wird flach, teilweise sogar etwas abschüssig. Schließlich lichtet sich der Wald und gibt einen schönen Blick auf Hügel, Häuser und Felder frei. Nun wieder bergauf beschreibt der Forstweg einen Linksbogen, dreht dann auf flach und führt zu einer Fahrstraße, der wir rechts hinunter folgen. Nach 100 Metern gelangen wir zum Hambergwirt, der allerdings nicht mehr in Betrieb ist (5,4 km).

Vom Hambergwirt zurück nach Gramastetten

Vor dem Gebäude biegen wir links ab, wandern unterhalb einer üppig blühenden Wiese an einem Haus und einem großen Wiesenareal vorbei und steigen links einen Wiesenweg empor. Durch hohes Gras und einen anschließenden Waldweg erreichen wir wieder die vorherige Fahrstraße, die wir nach einigen Metern links, wieder in ein Waldstück eintauchend, verlassen. Hier wandern wir am „Zigeunerspitz“ auf teils steinigem, teils sandig-lehmigem Boden und gelangen ein drittes Mal zur Bezirksstraße nach Gramastetten (6,3 km). Linkerhand schweift das Auge im offenen Gelände über sanft geschwungene Hügelketten, geschmückt mit Waldsäumen, Wiesen und Feldern. Über Wiesen marschieren wir zwischen Äckern und der Straße, immer näher rücken Häuser und Gehöfte in unser Blickfeld. Kurz vor Gramastetten versetzt uns eine ehrwürdige, mächtige Linde am Straßenrand in Erstaunen. Der Weg führt geradeaus hinunter an der Tischlerei Hofer vorbei (lassen Sie sich vorher nicht von den nach links zeigenden Wegweisern irritieren), danach folgen wir wieder den Pfeilen die Straße „Schmiedberg“ steil hinab. Vor uns ist bereits die Pfarrkirche, die über gestaffelt angeordneten Häuserreihen aufragt, zu sehen. Der Weg führt über einen kleinen Bach mit hübscher Auvegetation, passiert die Ortstafel und zweigt nach 100 Metern in die Maximilianstraße ab, die uns zum Ausgangspunkt zurückbringt (8,0 km).

6 *Adalbert-Stifter-Wanderweg in Kirchschlag*

Der Luftkurort Kirchschlag nahe der Giselawarte ist den Linzern sehr vertraut, trotzdem gilt diese Route als Geheimtipp. Auf fast 900 Höhenmetern kann man dem Nebel im Linzer Becken ein Schnippchen schlagen und gleichzeitig auf Stifters Spuren über Wiesen und Wälder zu einem geschichtsträchtigen Bollwerk hinabsteigen. Schließlich kann man sich am Rückweg beim Aufstieg an einer Quelle laben, der seit Jahrhunderten große Heilwirkung nachgesagt wird und die wie ein Altar in einer Waldkathedrale wirkt.

Schwierigkeit	anspruchsvoll
Steigung	312 hm
Länge	6,6 km (ca. 2 Stunden Gehzeit)
Einkehr	Maurerwirt (www.maurerwirt.at) am Anfang der Wanderung, Gasthaus Sportalm (www.sportalm-kirchschlag.at) nach 0,7 km
Anreise	von Linz kommend über den Haselgraben Richtung Hellmondsödt. Nach einigen Kilometern links Richtung Kirchschlag abbiegen. **Öffentlicher Verkehr:** Postbus/ÖBB Linie 260 von Linz Hbf. nach Kirchschlag Ortsmitte

Vom Ortsplatz zur Ruine Wildberg

Wir starten vom Ortsplatz neben der Kirche, gehen bergab an einem Gehöft im Steinbloß-Stil vorbei und verlassen die

Fahrstraße, indem wir geradeaus dem Güterweg Haiderweg folgen. Weiter passieren wir, stets talwärts, den Sportplatz und den Gasthof Sportalm sowie einen Ski- und Rodelhang. Neben Wiesen, Feldern und Bauernhäusern haben wir bereits Sicht auf den Sendemasten der Giselawarte. Die Asphaltstraße beschreibt einen Linksbogen und führt uns direkt in einen Wald mit bemoosten Steinen und mächtigen Fichten, wo der Pfad etwas steil abfällt. Nach ca. 300 Metern öffnet sich der Wald nach rechts und wir marschieren zwischen ausgedehnten Wiesenhängen dahin. Bei der Wetterkreuzkapelle (2,1 km) setzen wir den Weg geradeaus fort, dann folgen wir ihm in eine Linkskurve. Hier umschließt uns ein Rundpanorama mit eingekerbten Hügeln, zwischen denen wir einen flimmernden Ausschnitt der Stadt Linz wahrnehmen können. Einem kleinen idyllischen Weiher mit winziger Hütte folgt eine Weggabelung, an der wir links abbiegen. Vor dem ehemaligen Gasthaus Wildberghang zweigt die Route ohne Wegweiser ab; wir umgehen das Bauernhaus Riedl Nr. 30 und biegen an seiner Rückseite links auf eine Wiese ein, die uns zu einem Wäldchen leitet. Hier lädt eine Bank zum Verschnaufen und zur Stärkung ein. Danach geht es scharf links in einen Hain, in dem wir kräftigen Schrittes vorwärtskommen. Bald darauf erreichen wir das geschichtsträchtige Schloss Wildberg (3,3 km): Auf einem Felsen errichteten die Herren von Haunsperg 1145 ihren Stammsitz, von wo aus sie ihr Lehen und die angrenzenden Waldregionen erschlossen. Später gelangte die Burg in den Besitz der Passauer Bischöfe und

Schloss Wildberg

schließlich in den von Gundakar von Steinbach-Steyr, dem Ahnherrn der Starhemberger. 1394 erlangte die Festung große Bekanntheit, weil König Wenzel von Böhmen hier gefangengehalten wurde. In der zweiten Hälfte des 17. Jahrhunderts vernichtete ein Brand die Anlage, wovon die Ruine heute noch zeugt. Unterhalb des Turms bauten die Starhemberger das heutige Schloss. Der schlichte Renaissancebau dient mittlerweile als Kulturzentrum mit Kammerkonzerten, Theateraufführungen und Literaturabenden, wird aber auch ständig bewohnt.

Von Schloss Wildberg zurück nach Kirchschlag

Vom Schloss setzen wir den Weg oberhalb eines gelb getünchten Hauses fort. Parallel zu unserer Strecke verläuft hier auch

der Sterngartl-Rundweg. Die Asphaltstraße mäandert bergwärts, dicht an dicht wachsende Fichten, reichlich mit Zapfen bestückt, säumen den Weg. Wir befinden uns mitten im tief eingeschnittenen Haselgraben. Über manche Abschnitte schließen sich die Äste der den Weg säumenden Bäume zu einem Dach zusammen, das an heißen Tagen lindernden Schatten spendet. Lassen Sie sich nicht von einem nach links zeigenden Schild mit der Aufschrift „Riedl Nr. 37–40“ und einem Stifter-Wanderweg-Schild irritieren und halten Sie sich weiterhin geradeaus! Nach einiger Zeit marschieren wir hinter einer Linkskurve an einer Häuserzeile (Riedl 44) vorbei und folgen nach 200 Metern der Forststraße Holzleithen geradeaus durch den Wald. Der Weg wird etwas steiniger, aber flacher. An der nächsten Gabelung bleiben wir geradeaus bzw.

links, wie uns ein verblichenes Routenschild vorschreibt. Der Weg beschreibt zuerst einen Linksbogen und verläuft dann wieder schnurgerade. Gleich darauf wenden wir uns scharf rechts (Achtung: Schild auf der Rückseite eines Baumes), der schattige Pfad steigt hier leicht an. Das nächste Schild zeigt erbarmungslos nach links auf einen sehr steilen Anstieg (5,0 km), dem wir brav folgen. 200 Meter weiter zweigt die Route relativ flach rechts ab. Nach einem Jägerstand tauchen wir in einen Hochwald ein: Stille umfängt uns, unterbrochen nur von gelegentlichem Vogelgezwitscher. Nach links bergauf passieren wir ein sonnendurchflutetes Waldstück. Schließlich gelangen wir zur Rudolfsquelle, der große Heilwirkung nachgesagt wird; schon Adalbert Stifter pries begeistert ihre Vorzüge. Umschlossen vom Hochwald wirkt dieser Ort ursprünglich und rein.
Danach geht es nach links (Holzschild „Kirchschlag“) über wurzelige Pfade. Über eine Rechtskehre gelangen wir aus dem Wald und stoßen auf die ersten Häuser der Ortschaft. Wir wandern entlang einer Granitmauer, passieren einen seltsam zugewachsenen Innenhof und biegen rechts in die Badhausstraße ein. Schon erspähen wir den Kirchturm, der Ausgangs- und Endpunkt dieser Wanderung ist (6,6 km).

7 *Pöstlingbergrunde*

Auf dieser kleinen Wanderung zum weithin sichtbaren Wahrzeichen von Linz entschärfen wir die Mühen des Kreuzwegs etwas, um die herrliche Sicht auf die Landeshauptstadt noch besser genießen zu können. Auf dem „heiligen" Berg der Linzer lädt die Grottenbahn mit ihren Märchenfiguren zum Zwergerlschnäuzen ein; Kulturliebhaber kommen bei der barocken Wallfahrtskirche, der mächtigen Wehranlage und dem Petrinum auf ihre Kosten.

Schwierigkeit	mittelschwer
Steigung	266 hm
Länge	5,0 km (ca. 1,5 Stunden Gehzeit)
Einkehr	Pöstlingsbergs Cafe & Lounge (www.poestlingbergs.at), Gasthof Kirchenwirt am Pöstlingberg (www.kirchenwirt-linz.at), Pöstlingberg-Schlössl (poestlingberg.at) (alle nach 2,6 km)
Anreise	in Linz-Urfahr über die Knabenseminarstraße zum Petrinum. **Öffentlicher Verkehr:** Stadtteilbus Linie 102 der Linz Linien vom Hinsenkampplatz Haltestelle Rudolfstraße bis Haltestelle Dießenleitenweg, zurück in die Knabenseminarstraße, dann links in die Petrinumstraße

Vom Petrinum zum Pöstlingberg

Wir starten beim „Collegium Petrinum" oder bewältigen von der Bushaltestelle kommend einen kleinen Anstieg von der Hauptstraße geradeaus in die Knabenseminarstraße und von dort rechts in die Petrinumstraße. Am Ende des Parkplatzes wenden wir uns nach links in die Leisenhofstraße und wandern bergab. Anschließend biegen wir rechts in die Wischerstraße und dann gleich nochmals rechts in die Riesenhofstraße. Hier stoßen wir auf den renaturierten Pflasterbach, der uns an Weiden, Erlen, Eschen und einer Kleingartensiedlung entlang leicht bergauf führt. An einer Gabelung halten wir uns links und marschieren an weiteren Schrebergärten vorbei, bis wir den Mitterbergweg erreichen. Dieser mäandert weiter hinauf, leitet uns nach einer Rechtskurve am ehemaligen Gasthaus Gusner vorbei und führt in einem Rechtsbogen zum Stadtbauern Pösmayrgut (1,6 km). Das Gut ist eingebettet in Wiesen und Obstgärten, Pferde weiden im eingezäunten Gelände und schauen uns erstaunt nach. Wir folgen dem moderat ansteigenden Weg in einer Linkskehre zum Wald hinauf. Nach etwa 200 Metern stoßen wir schließlich bei einem Marterl auf den Kreuzweg (1,9 km), dem wir links folgen. Beim 19er-Turm machen wir halt und lassen unsere Blicke über das unter uns liegende Linzer Becken schweifen. Anschließend setzen wir unseren Weg an einer Kreuzung rechts bzw. geradeaus „An der Mayrwiesen" fort. Eine beachtliche Winterlinde und ein Marterl weisen uns danach nach links, über Stufen weiter bergwärts, bis wir endlich am Pöstlingberg, einem der

Hausberge von Linz, ankommen. Vor uns ragt bereits die barocke Wallfahrtskirche empor, deren Besuch in jedem Fall lohnt (2,6 km). Zum Pflichtprogramm gehört ebenso der überwältigende Blick von der darunterliegenden Aussichtsplattform, der uns die Ausdehnung der oberösterreichischen Landeshauptstadt eindrucksvoll vor Augen führt. Dann marschieren wir an der Endhaltestelle der Pöstlingbergbahn in eine Parkanlage mit mächtigen Buchen, die in einem Bogen um die Wälle der Maximilianischen Verteidigungsanlage leitet. Im Kern sind sechs der Türme durch Mauern verbunden, im Graben rundherum ist ein Damwildgehege. In einem Linksbogen setzen wir über die Brücke und gelangen schließlich zur Grottenbahn, die Jung und Alt seit 1906 begeistert. Bei einer Rundfahrt mit den kleinen Waggons erleben wir die teils

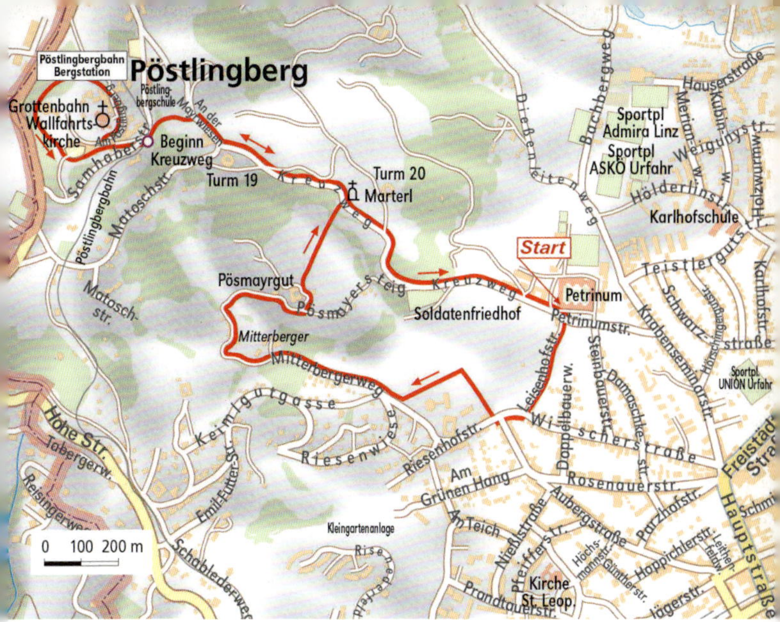

lustige, teils beklemmende Welt der Zwerge. Eine Etage tiefer sind Szenen aus den Märchen der Gebrüder Grimm nachgestellt, die sich um eine charmante Miniaturnachbildung des Linzer Hauptplatzes aus der Zeit um 1900 gruppieren.

Vom Pöstlingberg zurück zum Petrinum

Der Rückweg führt uns wieder unterhalb der Kirche und der Aussichtsplattform zum Kreuzweg (3,8 km) zurück. Diesmal biegen wir aber nicht wieder in den Wald und Richtung Pösmayrgut ab, sondern halten uns geradeaus am Kreuzweg. Linkerhand begleitet uns die sattgrüne Mayrwiese, die im Gegensatz zur darüberliegenden Trockenwiese sehr nährstoffreich ist; dies lässt sich am regen Wuchs einiger Pflanzen wie dem Löwenzahn oder dem Gänseblümchen erkennen. Der 20er-Turm

links etwas abseits der Route ist allemal einen Abstecher wert. Er ist noch in seiner ursprünglichen Form erhalten und führt einen (aussichtslosen) Kampf mit der Natur in Form von überwuchernden Gräsern, Kräutern und sogar Bäumen.

Weiter entlang des Waldes, bei dem es sogar nicht-heimische Edelkastanien zu bestaunen gibt, entdecken wir schließlich rechts der Strecke einen Soldatenfriedhof, auf dem die Gefallenen des Zweiten Weltkrieges bestattet sind. Schließlich fällt die Asphaltstraße steil ab. Wir wandern an einer schönen

Winterlindengruppe und einem Denkmal vorbei und erreichen unseren Ausgangspunkt, das Collegium Petrinum (5,0 km), in dem ein bischöfliches Gymnasium untergebracht ist. Im Stil des Historismus errichtet zieren dekorative Elemente aus vergangenen Epochen die Fassade. Der mächtige Bau soll angeblich über 999 Fenster verfügen, was allerdings doch etwas übertrieben scheint. Nach ausgiebiger Begutachtung des Komplexes (leider keine Innenbesichtigung möglich) treten wir wieder die Heimreise an.

8 Pferdebahn-Promenade in St. Magdalena

Auf der Trasse der historischen Pferdeeisenbahn marschieren wir durch schattigen Mischwald. Vom Ausblick beim Mostheurigen begeistert das Panorama der Stahlstadt und der sanft hügeligen Kulturlandschaft.

Schwierigkeit	leicht
Steigung	125 hm
Länge	Rundweg 9,5 km, (ca. 2,5 Stunden Gehzeit)
Alternativroute	vom Oberwirt über die Pferdebahn-Promenade, den Schatzweg und die Oberbairinger Straße zum Oberwirt zurück (295 hm, 5,8 km).
Einkehr	Oberwirt in St. Magdalena nach 7,5 km (www.oberwirt.net), Mostheuriger Schatzbauer am Schatzweg, nach 4 km. Verschiedene Betriebe auf dem JKU-Campus und bei der Straßenbahn-Haltestelle „Universität“
Anreise	von der Autobahnabfahrt Linz-Dornach geradeaus in die Altenberger Straße, dann links zum Universitätsparkplatz (kostenpflichtig) oder zum kostenlosen Parken in die Johann-Wilhelm-Klein-Straße gegenüber vom Biologie-Zentrum. **Öffentlicher Verkehr:** Straßenbahn Linie 1 und 2 der Linz Linien bis zur Haltestelle Universität

Von der Universität bis zur Pferdebahn-Promenade

Vom Uni-Parkplatz gehen wir durch den Park auf der rechten Seite des Teiches hinauf. Bald entdecken wir denkmalgeschützte Bäume, darunter einen kalifornischen Mammutbaum. Uns faszinieren die hier lebenden Dohlen – kleine Krähen mit grau-silbrigen Nackenfedern, die quietschende Laute von sich geben. Das Sozialleben dieser Vögel ist komplex: Jedes Mitglied des Schwarms erkennt ranghöhere bzw. rangniedere Individuen, die Hierarchie wird streng beachtet. Bei Ausflügen stimmen alle ab, ob sie gemeinsam weiterfliegen oder zurückkehren sollen. Es gibt sogar unterschiedliche Laute für beide Alternativen. Vom oberen Ende des Parks erkennen wir die Hauptgebäude des Campus. Rechterhand begutachten wir das Schloss Auhof. Das Gebäude stammt aus dem 16. Jahrhundert, die Fassade und das Mansardendach aus dem 18. Jahrhundert. Heute dient das Schloss als Sitz der Universitätsverwaltung und des Rektorats. Mehr als 19 000 Studierende sind in 60 Studienrichtungen eingeschrieben.

Wir gehen am oberen Ende des künstlich angelegten Teichs entlang. Das Ufer wurde mit Schotter gestaltet und naturnah bepflanzt; durch natürlichen Samenflug siedelten sich bald Pappeln, Weiden und Erlen an. Das Gewässer ist Lebensraum für Enten, Teichhühner und gelegentlich sogar Graureiher. Am Ende des Teichs schwenken wir nach links, dann vor dem Management-Zentrum nach rechts, anschließend halten wir uns geradeaus. Vom unteren Ende des Parkplatz-Areals leitet uns ein Fußgängerweg zum Biologie-Zentrum des Oberösterreichischen Landesmuseums, wo im Ökö-Park verschiedene einheimische Lebensräume anschaulich präsentiert werden. Es lohnt sich, den lauschigen Sumpfteich mit seinen unglaublich laut quakenden Seefröschen zu besuchen. Die Johann-Wilhelm-Klein-Straße leitet uns weiter nach rechts.

Kurz nach der Abbiegung nach links in die Wolfauer Straße folgen wir rechterhand dem Pfad durch schattigen Wald und halten uns bei der ersten Gabelung links. Nach einem sanften Anstieg von 40 Höhenmetern erreichen wir eine Asphaltstraße und wenden uns nach rechts (1,7 km) – 300 Meter weiter links befindet sich St. Magdalena und das Gasthaus Oberwirt.

Auf der Pferdebahn-Promenade bis zum Schatzweg

Bald verwandelt sich der Asphaltweg in einen Pfad, der durch einen schattigen Mischwald führt. In tieferen Hanglagen herrschen Stieleichen und Hainbuchen vor, an höheren

Stellen überwiegen Rotbuchen. Die Strecke folgt der Trasse der Pferdeeisenbahn, die von 1832 bis 1872 zwischen Linz und Budweis verlief. Sie war die erste Langstrecken-Eisenbahn in Kontinentaleuropa. In „nur" 13 Stunden konnte man die 120 Kilometer lange Distanz überwinden, was eine Verdoppelung der Geschwindigkeit im Vergleich zur Postkutsche bedeutete. Ohne Rumpeln und Stoßen glitt man dahin; die Passagiere waren begeistert. Zumindest bis zu dem Zeitpunkt, wo sie aussteigen und die Kutsche von den Gleisen heben mussten, um dem entgegenkommenden Güterverkehr auszuweichen – hier spielte vor allem der Salztransport die Hauptrolle. Ab 1836 ging schließlich auch die Strecke Linz–Gmunden in Betrieb.

Wir überqueren einige Viadukte über Hangrinnen – großartige Bauleistungen der damaligen Zeit, denn anderenorts musste man Hänge durchschneiden, um die Trasse zu führen. Nach 1,7 Kilometern verlassen wir den Wald. 300 Meter weiter erreichen wir eine von Häusern gesäumte Straße, wenden uns nach links und ein paar Meter weiter nochmals links in den wenig befahrenen Schatzweg (3,8 km).

Zurück nach St. Magdalena

Bald stoßen wir auf den Mostheurigen Schatzbauer. Von hier aus ist die Sicht herrlich. In der Folge tauchen wir auf einem ungepflasterten Abschnitt wieder in einen Wald ein. Hier erreichen wir die höchste Stelle unserer Route (6,4 km). Bald darauf passieren wir das Bildungshaus St. Magdalena und folgen der relativ verkehrsreichen Oberbairinger Straße über 85 Höhenmeter hinunter zum Oberwirt (7,5 km).

St. Magdalena und der Rückweg zur Universität

Wir wenden uns nach links in die Pferdebahn-Promenade. Vor der Kirche thront eine „tausendjährige“ Linde, die tatsächlich um die 600 bis 700 Jahre alt sein dürfte. Die Barockkirche weist im Mittelschiff ein beeindruckendes gotisches Netzrippengewölbe auf. Wir folgen der Pferdebahn-Promenade an zwei kleinen Parks vorbei und werfen einen letzten Blick auf die Landeshauptstadt und den Pöstlingberg. Auf demselben Waldweg wie zu Beginn der Wanderstrecke kehren wir zur Universität zurück (9,5 km).

9 *Wanderung Dießenleitenbach*

Für Kenner gilt diese Tour als eine der schönsten in der Landeshauptstadt. Wir erkunden eine zauberhafte Bach-Au; nach kurzem Aufstieg genießen wir einen großartigen Panoramablick über die Stadt. Ein schattiger Mischwald führt uns anschließend Richtung Lichtenberg.

Schwierigkeit	mittelschwer
Steigung	250 hm
Länge	7,5 km, (ca. 2 Stunden Gehzeit)
Variante	130 hm, 4,5 km (ca. 1,5 Stunden Gehzeit), nach der Wiese mit Stadtpanorama-Ausblick nach rechts wenden und dem Bachlberg hinab folgen
Einkehr	Wia z'haus Lehner am Anfang bzw. Ende der Route (www.wiazhaus-lehner.at)
Anreise	in Linz über die VÖEST-Brücke Richtung Urfahr. Der B 126 folgen, nach der Rechtskurve links in die Harbacher Straße abbiegen, die zum Ausgangspunkt (Gasthaus Lehner) führt. **Öffentlicher Verkehr:** Straßenbahn Linie 1 oder 2 der Linz Linien Richtung Universität bis zur Haltestelle Harbach, von dort zu Fuß zum Ausgangspunkt

Der Einstieg

Neben dem Gasthaus Lehner, dem Ausgangspunkt der Tour, finden sich genügend Parkplätze. Wir wenden uns nach rechts, peilen den blau-beschilderten Fußgängerweg an und steigen eine Treppe hoch. Danach geht es geradeaus weiter, immer aufwärts, bis wir beim Bachlbergweg 63 links in einen Waldpfad einbiegen. Dieser führt uns ca. 20 Höhenmeter ins Tal zum Dießenleitenbach hinunter (0,5 km).

Den Bach entlang

Der Name des Gewässers stammt vermutlich aus dem Mittelhochdeutschen „diezen" und bedeutet „Rauschen". Tatsächlich treffen wir hier auf einen durch das starke Gefälle und besonders bei starkem Regen nicht bloß plätschernden, sondern tosenden Bach. Ein sogenannter Schluchtwald verfügt über ein besonderes lokales Klima mit stetiger Feuchtigkeit und geringeren Temperaturschwankungen als in exponierten Lagen und ist daher ein wahrhaftes Paradies für Moose, die sich gegen Wasserverlust nicht schützen können. In solchen Lebensräumen sind Schwarzerlen und Eschen vorherrschend. Das Tal des Dießenleitenbaches ist allerdings nicht besonders tief, weshalb ein Schluchtwald hier nur ansatzweise entstehen konnte. Unterwegs entdecken wir zwar Eschen, mitunter auch vereinzelte Schwarzerlen, viel häufiger aber Rotbuchen, Bergahorne und Haseln.

Der gut begehbare Pfad führt uns durch den schattigen Wald; immer wieder gilt es, schlammige Stellen zu umgehen. Der

Zaunkönig, ein winziger gefiederter Bachbewohner, schmettert uns seine hohen Kaskaden und schnellen Triller entgegen. Schließlich gelangen wir zu einem Blockstrom (1,7 km), einem quer zum Hang verlaufenden „Fluss“ aus Steinblöcken. Am Ende der Eiszeit konnten die Felsbrocken im Lauf der Jahrhunderte zum Bach „hinunterfließen“. Damals war der Untergrund dauerhaft gefroren und jedes Mal, wenn Niederschläge und Schmelzwasser, die nicht in der Tiefe versickerten, den Boden an der Oberfläche etwas aufweichten, glitten die Blöcke ein wenig talwärts. Nun verharren sie ewig bewegungslos.

Wir treffen schließlich auf Häuser, lassen die Brücke links liegen und folgen der Asphaltstraße hinauf. Hier ist das Gefälle besonders steil, der Bach wird seinem Namen gerecht. Eschen und Schwarzerlen sind hier häufiger anzutreffen. Wir folgen dem Wegweiser „Bachlbergweg Nr. 3“ scharf nach rechts und verabschieden uns vom Gewässer (2 km).

Durch den Wald Richtung Lichtenberg

Bald verlassen wir den Wald und genießen einen fantastischen Rundblick über die gesamte Landeshauptstadt. Nach einer Wiese folgt eine Fahrstraße, auf der wir nach links hinaufmarschieren. Einige Meter weiter wählen wir an einer Gabelung den „Wanderweg 109 Lichtenberg“. Nun hat uns der Wald wieder aufgenommen. Auf leicht begehbarem Pfad steigen wir durch Rotbuchen, Bergahorne und Fichten langsam empor. Nach 1,5 Kilometern auf diesem Weg erreichen wir ein Marterl mit Bänken. Hier öffnet sich der Wald und wir erspähen vor uns Äcker und Häuser (4,1 km).

Wir verzichten auf den Weitermarsch nach Lichtenberg und machen kehrt. Nach 1,5 Kilometern ist die Wiese wieder erreicht, wir biegen diesmal aber nicht ab, sondern folgen dem Weg nach unten. Am Ende der Grasfläche entdecken wir eine Bank unter Linden, wo wir die Sicht auf Linz und den Pöstlingberg auf uns wirken lassen (5,7 km). Der beschauliche, verkehrsarme Bachlbergweg bringt uns schließlich wieder zum Ausgangspunkt zurück (7,5 km).

10 Linzer Donauwanderung

Nicht nur Hunde und Hasen fühlen sich im naturnahen Erholungsgebiet seitlich der Donau wohl. Auf ebenem Weg führt uns die Route vorbei an bedeutenden Kulturstätten und durch einen Skulpturengarten. Diese ausgesprochen leichte Tour eignet sich gleichermaßen für Arbeitspausen, laue Sommerabende und milde Wintertage.

Schwierigkeit	leicht (die Strecken an der Donau sind für Rollstuhlfahrer geeignet; nur die Brückenüberquerungen könnten für sie problematisch sein)
Steigung	wenige Höhenmeter
Länge	8,8 km (2,5 Stunden Gehzeit)
Einkehr	Gasthaus Lindbauer, Nähe VÖEST-Brücke, nach 5,3 km (www.gasthaus-lindbauer.at) Café Traxlmayr, in der Innenstadt an der Promenade (www.cafe-traxlmayr.at) Zahlreiche weitere Betriebe in der Stadt
Anreise	die Wanderung startet vom Linzer Hauptplatz, wo es eine Parkgarage gibt. Kostenlose Parkplätze siehe Wanderung 11 (Freinbergrunde) **Öffentlicher Verkehr:** mit der Straßenbahn Linie 1, 2 oder 3 der Linz Linien bis Haltestelle Hauptplatz

In den Winterhafen und zur VÖEST-Brücke zurück

Vom Linzer Hauptplatz an der Ostseite der Nibelungenbrücke steigen wir zum Donaupark hinab. Dort befindet sich das Lentos Kunstmuseum, dessen spiegelnde Glasfassade nachts wie ein Juwel leuchtet. Die Institution verfügt über eine bedeutende Sammlung zeitgenössischer und klassisch-moderner Kunst, so etwa über einige Gemälde von Oskar Kokoschka. Wechselnde Ausstellungen stehen zudem auf dem Programm. Der Weg leitet uns weiter an einer Reihe großformatiger Metallplastiken vorbei. Die Stahlstadt ist eine Hochburg solcher Werke, die aus der Verbindung von Industrie und Kunst entstanden sind: Die Schöpfer waren bei der Umsetzung ihrer künstlerischen Konzepte auf die Hilfe von Metallarbeitern und deren Maschinen angewiesen. Das wohl bekannteste Exponat mit dem Namen „Strömung" stammt von Erwin Reiter – anstatt artig an der Wasseroberfläche zu bleiben, schwingen sich die imposanten Wellen aus Chrom-Nickel-Stahl zum Himmel empor.

Zwei Parallelwege führen durch den Park. Man kann unten nahe am Wasser bleiben oder von etwas oberhalb die Erholungslandschaft überblicken. Am Dammweg sticht uns ein Gebäude ins Auge – ein schlichtes, bronzefarbenes Kreissegment: Das Brucknerhaus ist ein in nordischem Designstil aus Metall und Glas erbautes international bekanntes Konzerthaus. Seitlich des Bauwerks wurde ein kleiner Strand angelegt, an dem man bei gutem Wetter auf den Feierabend anstoßen kann.

Des Abends wagen sich öfter Hasen in den Park und gelegentlich geben sich auch Fuchs und Dachs ein Stelldichein. Das

Metallplastik „Strömung“ von Erwin Reiter

faszinierendste Lebewesen auf dieser grasgrünen Schaubühne ist jedoch der Homo sapiens im Freizeitmodus: Akrobaten, Musikanten, Jogger und Yoga-Praktizierende stellen sich ungeniert zur Schau. Amüsiert beobachten wir, wie sonst zweifelsohne überaus folgsame Hunde ihren Besitzern manchmal den Willen verweigern.

Nachdem wir die VÖEST-Brücke (1,7 km) unterhalb passiert haben, verengt sich die Parkidylle dramatisch. Rechterhand grenzt uns ein hoher Damm ein, links säumt eine lockere Reihe aus Weiden und Pappeln einige Kiesstrände; hier ist das Baden erlaubt. Auf einem Weg mit feinem Kies erreichen wir eine Landspitze (3,4 km), biegen nach rechts ab und begeben uns nun auf den Rückweg durch den Winterhafen. Dieser wurde ab 1897 errichtet, weil es zwischen Passau und Wien keine

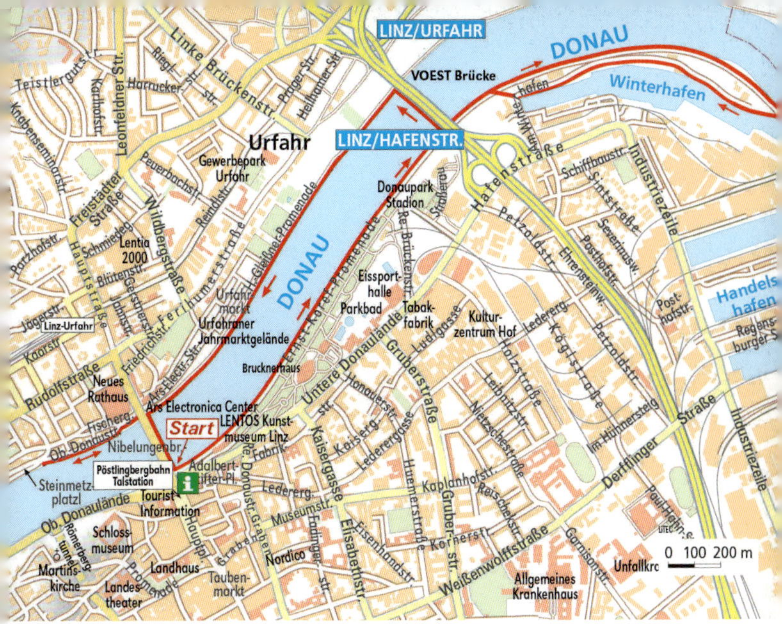

angemessene Möglichkeit für die Einwinterung von Donauschiffen gab. Auf der Landzunge zwischen Hafen und Donau befinden sich Bunker aus dem Zweiten Weltkrieg, die von den ansässigen Wassersportvereinen als Lagerräume genutzt werden. Nachdem ein Teil des Beckens aufgefüllt wurde, entstand auf der gegenüberliegenden Seite des Gewässers eine Anlage mit über 300 Eigentumswohnungen und Büroräumen. Dort befindet sich auch das Gelände der Österreichischen Schiffswerften AG, die verschiedene Arten von Schiffen fertigt. Wir setzen unseren Weg durch den Hafen, der Enten und anderen Vögeln eine Stillwasserzone bietet, fort und steigen am unteren Ende eine Treppe hoch. Nun befinden wir uns auf dem Hochwasserdamm und gelangen bald wieder zur VÖEST-Brücke (5,3 km).

Von der VÖEST-Brücke zum Hauptplatz zurück

Wir überqueren die Brücke und gewinnen von hier aus eine imposante Sicht über die Mühlviertler Hügellandschaft. Auf der anderen Seite der Donau angelangt wenden wir uns nach links und treten den Rückweg an. Bei einer Freizeitsportanlage beeindrucken uns die Kunststücke der Skateboarder. Dort

stehen auch Basketball- und Beachvolleyball-Courts zur Verfügung. Rechterhand besteht die Möglichkeit, sich beim Gasthaus Lindbauer zu stärken. Der Weg leitet uns am Gelände des Urfahranermarktes, wo seit 1817 zweimal jährlich das größte Volksfest der Alpenrepublik stattfindet, vorbei zurück zur Nibelungenbrücke. Hier steht das Ars Electronica Center, ein überaus interessantes Museum, das sich der digitalen Kunst, neuen Medien, Robotik, Biotechnologie und anderen zukunftsweisenden Technologien verschrieben hat. Wir „schlüpfen" nun unter der Brücke hindurch und erreichen das Neue Rathaus (7,5 km). Die moderne Beamtenburg aus Beton soll entfernt an einen begehbaren Hügel – eine antik mesopotamische Zikkurat – erinnern. Vor dem Gebäude ragt am Donauufer eine Skulptur, die einem Bücherstapel ähnelt, himmelwärts. Die Inschrift an der Platte dieses Republikdenkmals nimmt Bezug auf einen Meilenstein der österreichischen Gesetzgebung.
Einige Schritte weiter bewundern wir die Villa Nunwarz, 1894 im späthistorischen Stil errichtet. Ihre Fassade mutet wie ein Palast der italienischen Renaissance an. Es folgt der Donaugarten, der sich als ein Ort der Begegnung versteht. Alle Besucher sind eingeladen, dort Pflanzen anzubauen und zu ernten. Wir gehen noch 500 Meter bis zum Steinmetzplatzl (8 km). Dort wurde Schotter für einen Badestrand aufgeschüttet, der einem Laichplatz für Fische vorgelagert ist. Weiden säumen einen Teil des Ufers. Nun kehren wir zum Neuen Rathaus zurück und überqueren die 1940 eröffnete Nibelungenbrücke zurück zum Hauptplatz (8,8 km).

11 Freinbergrunde

Diese gemütliche Tour führt uns zu einem bezaubernden Landschaftspark. Von der Franz-Josefs-Warte aus gewinnen wir den besten Rundblick über die Landeshauptstadt. Unterwegs bewundern wir zwei besondere historische Denkmäler: das Linzer Schloss und die älteste Kirche Österreichs.

Schwierigkeit	leicht
Steigung	150 hm (+ 20 hm Franz-Josefs-Warte)
Länge	7 km (ca. 2 Stunden Gehzeit)
Einkehr	am Anfang bzw. am Ende der Strecke sind zahlreiche Gastronomiebetriebe zu finden. Auf dem Freinberg gibt es keine Einkehrmöglichkeiten.
Anreise	Parkgarage auf dem Hauptplatz. Ab Samstag Mittag und sonntags ganztägig kann man das Auto kostenlos in der Altstadt abstellen. Auch auf dem Urfahraner Jahrmarktgelände (über die Nibelungenbrücke, dann rechts) ist Parken gratis oder günstiger als in der Garage; bei Veranstaltungen ist dieser Platz allerdings gesperrt. **Öffentlicher Verkehr:** mit der Straßenbahn Linie 1, 2 oder 3 der Linz Linien zum Hauptplatz. Wer die Wanderung abkürzen möchte, fährt mit dem Stadtbus Linie 26 vom Taubenmarkt bis zur Haltestelle Vergeinerstraße (Eingang des Parks).

Vom Hauptplatz bis zur Franz-Josefs-Warte

Der 1260 angelegte Linzer Hauptplatz gehört zu den größten mittelalterlichen Plätzen nördlich der Alpen. Die Häuser besitzen oft noch einen gotischen Kern mit aufgesetzten Fassaden aus späteren Epochen. Diese sind typischerweise hoch und schmal, denn je breiter die Bauten ausfielen, desto mehr Steuer mussten ihre Besitzer früher entrichten. Bemerkenswert ist die „engelsprühende" Rokoko-Dreifaltigkeitssäule aus dem Jahr 1723, die sich zum Himmel emporwindet und von der Bevölkerung aus Dankbarkeit für die Verschonung vor Pest, Feuer und Krieg errichtet wurde. Von der Westseite des Platzes folgen wir der Hofgasse durch die malerische Altstadt. Nach einer Kreuzung steigt die Gasse relativ steil zum Schloss an. Hier zog sich Kaiser Friedrich III. zurück, als 1485 der ungarische König Matthias Corvinus Wien und das heutige Niederösterreich eroberte. Auf der Rückseite des vorletzten Tores prangen sein Wappen und seine Inschrift. Kaiser Rudolf II. baute das Schloss 1604–1614 zu einem viergeschossigen Vierkanter aus; im Wesentlichen ist diese Form bis heute erhalten. Der Südtrakt und die Kapelle brannten allerdings 1800 aus und wurden 2009 durch einen modernen gläsernen Schlossflügel ersetzt. Heute beherbergt das altehrwürdige Bauwerk das Oberösterreichische Landesmuseum.

Wir durchschreiten das Tor und den ersten Hof. Im zweiten Hof machen wir einen kurzen Abstecher nach links zum Museumseingang und dem Café-Restaurant. Dort genießen wir aus nächster Nähe einen Ausblick über den Neuen Dom und die

Franz-Josefs-Warte

südliche Innenstadt. Im Museum befinden sich Sammlungen zu verschiedenen Themen, oftmals mit Bezug auf Oberösterreich. Wir setzen unseren Weg durch die Höfe und über den Parkplatz des Schlosses fort. Nachdem wir das letzte Tor passiert haben, wenden wir uns nach rechts in die Schlossgasse und gelangen zur Martinskirche. Sie ist Österreichs ältester noch erhaltener Sakralbau und wurde bereits 799 urkundlich erwähnt. Ursprünglich soll die Kirche kreuzförmig gewesen sein. Mit einem Lichtschalter können wir den – leider meistens geschlossenen – Innenraum beleuchten und durch eine Glaswand betrachten (0,6 km).

Wir folgen der Römerstraße weiter Richtung Freinberg. Links in der Donatusgasse fällt uns ein verwunschen anmutender, schlossartiger Bau auf – die Römerbergschule, die 1906 im späthistorischen Stil, der Bauelemente und Ornamente aus verschiedenen Epochen miteinander verbindet, errichtet wurde. Nun steigt die Römerstraße tüchtig an, wobei auch das Verkehrsaufkommen zunimmt. Bald lenkt uns ein Wegweiser nach rechts in den beliebten Freinberg-Park. Geologisch bildet der Freinberg einen Teil der aus Gneis bestehenden Böhmischen Masse, der von der Donau durchschnitten und abgetrennt wurde.

Der naturnahe Park ähnelt in seiner Form einem englischen Landschaftsgarten und wird geprägt von Waldabschnitten,

Wiesen, Baudenkmälern und vielen Bänken. Wir folgen einem relativ steilen, gut begehbaren Pfad, dann einer Treppe hinauf. Schließlich erblicken wir die Franz-Josefs-Warte und steigen kurz zu ihr empor (2,5 km). Der 20 Meter hohe Backsteinturm wurde 1888/89 anlässlich des 40. Jubiläums der Regentschaft von Kaiser Franz Josef I. errichtet und befindet sich am höchsten Punkt des Freinbergs. Von seiner Spitze aus genießen wir einen lohnenden Rundblick über die Landeshauptstadt.

Von der Franz-Josefs-Warte zum Hauptplatz zurück

Nun steigen wir zum vorigen Pfad hinab und setzen unseren Weg fort. Nach einigen Schritten erreichen wir einen weiteren Ausblickspunkt am Südhang der Donau, der eine Sicht über den Fluss und den nördlichen Stadtteil Urfahr gewährt.

Bald wird der Weg abschüssig. Wir gelangen zu einer Kreuzung, an der der Donausteig sich in einen engen, unebenen Pfad verwandelt und relativ steil hinunter zum Ortsteil St. Margarethen führt. Hier biegen wir links in einen breiten, ebenen Pfad ein; eine Bank für eine Verschnaufpause ist dort schon von der Abzweigung aus zu sehen. Weiter vorne öffnet sich die Landschaft und wir gelangen zu einem Garten, in dem seltene und alte Obstsorten, vor allem Äpfel und Birnen, kultiviert werden. Weil sie kommerziell nicht rentabel sind, drohen sie, auszusterben. Oft verfügen diese Sorten allerdings über andere günstige Eigenschaften wie guten Geschmack oder Widerstandsfähigkeit gegen Frost, Dürre und Schädlinge. Um sie zu erhalten, bewahrt man die Samen in Genbanken auf. Diese haben aber

nur eine begrenzte Lebensdauer, deswegen pflanzt man sie nach einigen Jahren aus, um neue Samen zu gewinnen.
Wir gelangen zum Margarethenweg und halten uns geradeaus (das heißt, wir schwenken leicht nach links). Rechterhand fällt uns ein weiterer kleiner Park mit Bänken auf (4 km). Bald hat uns die Zivilisation wieder eingeholt. Der Margarethenweg mündet an einer Bushaltestelle in die Römerstraße. Wir biegen links ab und folgen dem an dieser Stelle stark frequentierten Verkehrsweg am Rand der Parkanlage entlang. Die Römerstraße führt uns zurück zum Ausgangspunkt. Dieses Mal wenden wir uns beim Ausgang des Schlosses nach rechts, und am Tummelplatz, wo der Weg endet, nach links in die Altstadt. Über die Hahnengasse und die Hofgasse gelangen wir zum Hauptplatz zurück (7 km).

12 *Linzer Stadtwanderung*

Mit dieser Tour im Herzen von Linz können Touristen wie Einheimische sowohl die geschichtliche als auch die naturverbundene Seite der Landeshauptstadt kennenlernen. Vom Kern des Zentrums bis zu dessen Peripherie, von der urbanen „Felsenlandschaft" des Hauptplatzes und der Altstadt bis zu den „Naturparadiesen" des Botanischen Gartens und des Bauernbergs. Zurück im Zentrum erleben wir die Verbindung beider Elemente: eine grüne Erholungsoase inmitten dicht bebauter Flächen.

Schwierigkeit	leicht
Steigung	68 hm
Länge	5,6 km (ca. 1,5 Stunden Gehzeit inklusive Besuch des Botanischen Gartens)
Einkehr	zahlreiche Gastronomiebetriebe am Hauptplatz, in der Altstadt und der Herrenstraße Café Orchidee im Botanischen Garten nach 2,3 km (www.cafe-orchidee.at)
Anreise	Parken in einer der städtischen Garagen **Öffentlicher Verkehr:** alle Straßenbahnlinien der Linz Linien, Haltestelle Hauptplatz, retour ebenfalls mit der Tram oder mit einer der zur Verfügung stehenden Buslinien

Vom Hauptplatz durch die Altstadt

Wir starten vom Linzer Hauptplatz. Dieser bildete zusammen mit dem Schloss und den ihn umgebenden Straßen das ursprüngliche Linz, das von den Herrschern mit einer Mauer geschützt wurde. Das rechteckige Areal ist einer der größten mittelalterlichen Plätze nördlich der Donau. Die Ehrfurcht gebietende, weiß marmorne Dreifaltigkeitssäule von 1723 soll die Dankbarkeit der Einwohner gegenüber dem Allmächtigen zum Ausdruck bringen, der sie vor Pest, Feuer und Krieg verschont bleiben ließ. An derselben Stelle wurden zuvor allerdings aufständische Bauern hingerichtet. Die Häuser, von denen viele über einen gotischen Kern verfügen, haben schmale und hohe Fassaden, die wiederum im barocken oder klassizistischen Stil gestaltet wurden. Man versuchte mit einer möglichst geringen Breite der Bauwerke eine höhere Besteuerung zu vermeiden; die Gebäudetiefen sind mit 50–90 Metern dafür umso großzügiger. Am Ende des Durchgangs an der Hausnummer Hauptplatz 15–16 stoßen wir sogar auf Reste der historischen Stadtmauer.

Nach ausgiebiger Besichtigung der schönen Bürgerhäuser setzen wir unseren Streifzug auf dem holprigen Pflaster der Hofgasse nahe der Pestsäule fort. Zahlreiche Lokale und Bars sind hier angesiedelt, hier befindet sich das Eldorado der Nachtschwärmer. Wir gelangen zu einem kleinen Platz, an dem wir ein prächtig renoviertes Haus (Hofberg Nr. 10) bestaunen. Nun heißt es genau aufpassen: Gleich rechts an das Gebäude anschließend lugen wir in einen versteckten dunklen

Durchgang – hier befindet sich die kleinste und engste Gasse von Linz, die sogenannte Reichengasse (0,2 km). Sie hatte im Mittelalter die Funktion eines Abwasserkanals vom Schloss zur Donau. Wir kehren um und stoßen auf das Losensteiner Freihaus (Altstadt 2), das so heißt, weil dessen adeliger Besitzer steuerbefreit war. Im anschließenden Kremsmünsterer Stiftshaus, das heute ein Haubenlokal beherbergt, soll angeblich Kaiser Friedrich III. gestorben sein. Er war vor den Ungarn nach Linz geflüchtet und residierte einige Zeit im Linzer Schloss.

Am Ausgang der Altstadt gegenüber dem Landhausplatz entdecken wir das Starhemberger Freihaus (Altstadt 17), in dem Wolfgang Amadeus Mozart die „Linzer Symphonie“

Prächtig renoviertes Haus – Hofberg 10

komponiert hat. Das Landhaus, welches als Sitz der Landesregierung dient, wird von einem beeindruckenden Renaissanceportal aus rotem Salzburger Marmor geziert. Im Durchgang rechts begutachten wir auch den Renaissance-Arkadenhof mit dem achteckigen Planetenbrunnen aus dem Jahr 1582. Hinter dem Südausgang öffnet sich der Landhauspark, in dem wir exotische und einheimische Pflanzen bewundern können: Winterlinden, Eichen, Ahorne sowie Rosskastanien und chinesische Blauglockenbäume.

Von der Altstadt zum Botanischen Garten

Wir überqueren die Promenade und marschieren in die Herrengasse. Vorbei an historisch bemerkenswerten Gebäuden wie dem Geburtshaus von Richard Tauber (Herrengasse 11) gelangen wir zum Bischofshof. Wir biegen rechts in die Baumbachstraße ein und stehen nun ehrfürchtig vor dem im 19. Jahrhundert erbauten Neuen Dom (0,9 km), dessen Turm

die Höhe des Wiener Stephansdoms nicht überragen durfte und der als der größte Sakralbau Österreichs gilt. Rechts am Gotteshaus vorbei zweigen wir rechts in die Stifterstraße ab und überqueren die Hopfengasse. Damit lassen wir den Beton-Dschungel hinter uns und steigen an dicht bewaldeten Hängen entlang die Roseggerstraße hinauf. Hier bewegen wir uns über den Sandablagerungen eines Urmeers, das vor vielen Millionen Jahren das Linzer Becken ausfüllte. Die Linzer Sandsteinhügel beherbergen Stollen, die früher als Luftschutzkeller dienten und später für Weinkeller und Champignon-Zuchten genutzt wurden. Der Weg ist gesäumt von Buchen, Berg- und Feldahornen, Eiben und Robinien. Vor allem die vielästigen Eichen scheinen nach uns greifen zu wollen. Wir winden uns gemeinsam mit der Roseggerstraße nach rechts empor und erreichen ein stattliches Villenviertel mit ansehnlichen Gärten. Schließlich gelangen wir zum Botanischen Garten, der zu den schönsten Schaugärten Europas zählt (2,3 km). Ein Besuch lohnt sich: Mehr als 10 000 Pflanzen gibt es auf 4,2 Hektar Fläche zu bestaunen. In den Gewächshäusern befinden sich eine einzigartige Kakteensammlung und exotische Orchideen-Züchtungen.
Inmitten der Grünanlagen treffen wir auf Skulpturen österreichischer Künstler. Ein abwechslungsreiches Vortrags-, Ausstellungs- und Veranstaltungsprogramm macht den Garten zum Ort der Begegnung. Während der Sommermonate verbinden Konzerte und Lesungen auf der Open-Air-Bühne Kultur und Natur zu einem reichen Sinneserlebnis.

Über den Bauernberg zum Volksgarten

Nach dem Besuch dieses einzigartigen Biotops wenden wir uns scharf links in die Straße „Auf der Gugl“ und sehen uns der imposanten Anlage des Bauernbergs gegenüber. Sie bildet einen weiteren Höhepunkt der „grünen City“ und gilt als einer der besterhaltenen unter Denkmalschutz stehenden Jugendstilparks Österreichs. Prächtige alte Bäume, Wege, Wiesen und Zieranlagen beeindrucken uns in ihrer Harmonie; Liege-, Spielwiesen und ein attraktiver Spielplatz runden das

Aphroditetempel am Bauernberg

Gesamtbild ab. Wir gehen auf der linken Seite der Parkanlage am Aphroditetempel vorbei und biegen rechts bei einer Gabelung zum Garten der Landwirtschaftskammer ab. Diese neobarocke Grünanlage wartet mit Skulpturen und Kopien antiker Statuen sowie mit einem schönen Zugangsportal auf. Hinter dem Parkgelände schlägt unsere Strecke den Weg links in die Bergschlösslgasse ein. Nach 200 Metern erreichen wir das 1718 errichtete, hochbarocke Bergschlössl, heute Sitz der Linzer Management-Akademie (LIMAK) und die dazugehörige Parkanlage. Auch diese zählt zu den historischen Gärten Österreichs.

Anschließend steigen wir steil zur Waldeggstraße hinunter (3,6 km). Wir wenden uns nach rechts, überqueren dann den Zebrastreifen nach links und marschieren durch die Weingartshofstraße. Schließlich gelangen wir zum Volksgarten, einer weiteren grünen Lunge der Landeshauptstadt, die von vielen Linzern genutzt wird. Von hier aus können wir das neue Linzer Musiktheater bewundern, das zwischen 2008 und 2013 errichtet wurde. Die klar strukturierten Fassadenlinien erwecken den Eindruck eines großen Vorhangs. Abschließend gönnen wir uns noch einen ausgiebigen Bummel auf der Linzer Landstraße, einer der größten Geschäftsstraßen Österreichs, und lassen uns von ihr zum Hauptplatz zurückleiten (5,6 km). Wer lieber gleich die Heimreise antreten will, nutzt eines der zur Verfügung stehenden öffentlichen Verkehrsmittel.

13 Rundweg Ebelsberg – Weikerlsee

Wir wandern einen Fluss mit Aubäumen entlang, umrunden zum Teil einen romantischen Ausee und kehren auf einem Hochwasser-Schutzdamm zum Ausgangspunkt zurück. Hier lässt es sich ohne nennenswerte Steigungen weit marschieren. An heißen Tagen ist diese Tour allerdings nur für Sauna-Liebhaber, Masochisten oder vom Abgabeschluss bedrohte Autoren zu empfehlen.

Schwierigkeit	leicht
Steigung	keine nennenswerten Steigungen
Länge	10 km (ca. 2,5 Stunden Gehzeit)
Einkehr	Restaurant Volkshaus Ebelsberg (Tel.: 0732/309394) auf dem Fadingerplatz. Dort befinden sich auch einige Imbiss-Stuben. Weitere Möglichkeiten in der Solar City (siehe Wanderung 14)
Anreise	von Linz üner die Gruber- und der Franckstraße nach Norden. Nach dem Kreisverkehr Richtung voestalpine, dann Linz-Ebelsberg, geradeaus durch den Mona-Lisa-Tunnel und rechts zum Fadingerplatz. Kostenlose Parkplätze finden sich am Panholzerweg. **Öffentlicher Verkehr:** S-Bahn 1 von Linz nach Ebelsberg täglich im Stundentakt. Straßenbahn Linie 2 der Linz Linien bis Endhaltestelle Solar City

Vom Fadingerplatz bis zum Großen Weikerlsee

Über den Fadingerplatz in Ebelsberg marschieren wir Richtung Traunfluss und biegen rechts in den Panholzerweg ab. Wir folgen einem Wegweiser und schwenken nach links auf den Traunuferdamm. Auf der Flussseite finden wir eine ursprüngliche Auwald-Vegetation mit vielen Weiden, aber auch Eschen vor, der Weg ist auf beiden Seiten beschattet. Vom Damm aus ist der Fluss hier nicht zu sehen, nur an einer Stelle dringen wir zu ihm durch. Dort erspähen wir künstlich angelegte Tümpel am Flusssaum. In diesen Stillwasserzonen, die auch Fröschen einen günstigen Lebensraum bieten, laichen einige Fischarten wie Hechte und Karpfen ab. Die Strecke verläuft weiter unter einer Brücke. Ab hier gibt es keinen Schatten mehr. Bei der zweiten Sitzbank beginnt linkerhand ein gut begehbarer Pfad, der den Fluss entlang führt. Hier verkriechen sich manchmal riesige Äskulapnattern von bis zu zwei Metern Länge. An der Stelle, an der der Pfad wieder in den Dammweg mündet, zweigt ein zweiter von diesem nach rechts ab und verläuft durch Feldvegetation. Wer ihn begeht, findet erst später einen Querpfad, der zum Traunuferdamm zurückführt. Auf der gegenüberliegenden Uferseite entdecken wir einige Industrieanlagen. Rechts leitet eine Straße über einen Parkplatz zum abseits liegenden FKK-Strand am Kleinen Weikerlsee. Man muss den dortigen Imbiss, der bei Badewetter geöffnet ist, allerdings nicht zwangsläufig im Adamskostüm besuchen.

Wir bleiben geradeaus, passieren die Pfeiler einer ehemaligen Brücke und sichten auf dem gegenüberliegenden Ufer Schlackhalden der voestalpine. Schließlich lenkt uns ein Schild nach rechts zum Großen Weikerlsee (4,5 km).

Vom Großen Weikerlsee nach Ebelsberg zurück

Der Große Weikerlsee ist ein Naturparadies „aus zweiter Hand". Er entstand 1938 kurz nach dem Anschluss Österreichs an Deutschland. Damals baggerte man Schotter für die Errichtung der Hermann-Göring-Stahlwerke aus. In den 70er-Jahren wollte die voestalpine das Gewässer als Deponie für Schlacke verwenden, dieses Vorhaben konnte aber glücklicherweise verhindert werden. Das Ufer ist dicht mit Aubäumen bewachsen: Weiden, Eschen und Hybridpappeln. Wie in einem Dschungel hängen Lianen von den Ästen herab und verschiedene Wasservogelarten bevölkern das Gewässer. Wir umrunden die Hälfte des Sees auf einem schattigen Pfad und zweigen dann bei einer Wegsperre ab (6 km). Zunächst halten wir uns geradeaus und wenden uns dann – rechts von uns befindet sich ein Wasserrückhaltebecken – nach links auf einen Fußgängerweg (Forellenweg), der zur Solar City und der Wiener Straße führt. An dieser Stelle fehlt ein Wanderrouten-Wegweiser (6,2 km). Die Strecke verläuft danach über eine Holzbrücke. Rechts überblicken wir einen Teil des

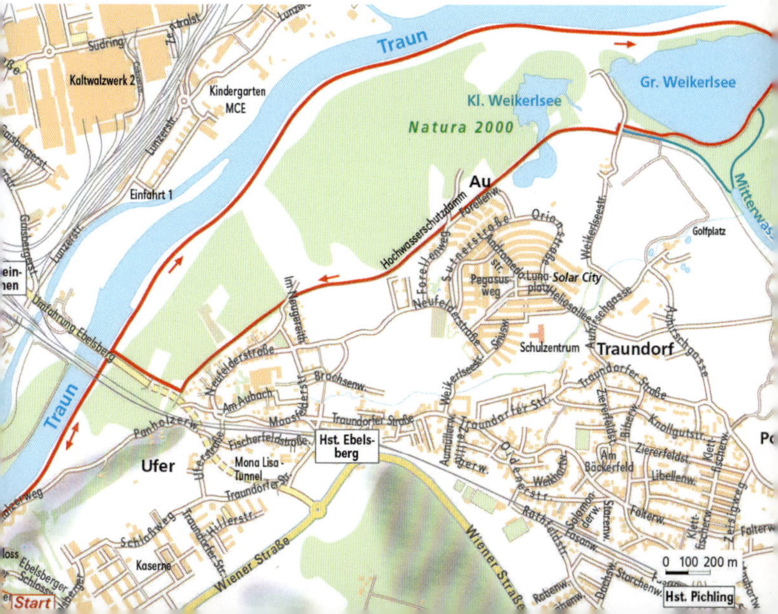

FKK-Seeabschnitts (der Strand selbst ist hinter einem Wald verborgen), links entdecken wir einen weiteren Badestrand und die Solar City. Diese neue Linzer Siedlung mit etwa 4000 Bewohnern ist in vielerlei Hinsicht vorbildlich gestaltet worden – durch Solarenergie, Niedrigenergie-Bauweise, usw. Unsere nächste Etappe verläuft auf einem Hochwasser-Schutzdamm. Rechts gedeiht ein dichter Auwald, der sich bis zum Traunfluss erstreckt und ein Teil des 600 Hektar großen Natura-2000-Schutzgebiets „Traun-Donauauen“ ist. Links dehnt sich eine Kulturlandschaft aus. Schließlich lenkt uns ein Wegweiser nach rechts zum Traunuferdamm. Dort wenden wir uns nach links, marschieren unter einer Brücke durch und kehren auf den eingangs beschilderten Weg zum Ausgangspunkt auf dem Fadingerplatz in Ebelsberg zurück (10 km). Im Haus Fadingerplatz 5 starb 1626 Stefan Fadinger, Namensgeber des Platzes und Führer der Aufständischen im oberösterreichischen Bauernkrieg. Er wurde bei der Belagerung von Linz tödlich verwundet. Bis 1803 war der Ort Hoheitsgebiet des Passauer Fürstbischofs; Napoleon hat die geistlichen Fürstentümer später in weltliche Hände übergeben. Im Napoleonischen Krieg von 1809 wurde Ebelsberg dann ein Raub der Flammen. Seit die Häuser am Fadingerplatz wieder aufgebaut wurden, sind sie im Wesentlichen unverändert geblieben. Über die Schlacht von Ebelsberg informiert eine Ausstellung im Ebelsberger Schloss.

14 Der Donauauen-Rundweg

Kein kühles Bier weit und breit und das, obwohl wilde Hopfenpflanzen ganze Bäume überwuchern. Bunte Libellen schwirren auf der Suche nach vorbeifliegenden „Schmankerln“ umher. Ein Nachtreiher verharrt regungslos auf einem Ast und fixiert in der Hoffnung auf Fischbeute die Wasserfläche. Diese Wanderung ist mühelos zu absolvieren und bietet dabei dennoch besondere Naturerlebnisse.

Schwierigkeit	leicht. Am Ende des Donauauen-Rundweges liegen Baumstämme quer über dem Pfad, auch muss man einmal ein paar schwierige Stufen erklimmen. Daher kaum für Rollstühle und Kinderwägen geeignet.
Steigung	keine nennenswerten Steigungen
Länge	9 km (ca. 2,5 Stunden Gehzeit), Donauauen-Rundweg 6,4 km, Pfad um den großen Weikerlsee 2,6 km
Einkehr	im Zentrum der Solar City finden sich verschiedene Gastronomiebetriebe.
Anreise	siehe Anreise Wanderung 13. Nach dem Mona-Lisa-Tunnel nach links, über den Luna Platz, dann Richtung Sportpark Pichling links einschlagen. Auf der Weikerlseestraße an der Kleingartenanlage vorbei bis zum Parkplatz. **Öffentlicher Verkehr:** Straßenbahn Linie 2 der Linz Linien bis Endhaltestelle Solar City

Von Ebelsberg bis zum Großen Weikerlsee

Vom Ausgangspunkt aus überqueren wir die Brücke, die über einen Abflussgraben führt, biegen danach direkt rechts ab und folgen der Rinne bis zum Großen Weikerlsee. Nach 300 Metern leitet uns ein Weg an einer Straßensperre vorbei und wir marschieren entlang des Gewässers, wo Angler schon längst am Ufer Stellung bezogen haben. Nach weiteren 600 Metern lenkt uns der Wegweiser „Donauauen“ nach rechts.

Das Wort „Au“ bedeutet im Mittelhochdeutschen „Land am Wasser“. Die feuchten, relativ warmen Lebensbedingungen sind für eine große Anzahl von Pflanzen und Tieren ideal; wer hier zuhause ist, benötigt weniger Schutz gegen Austrocknung und Kälte als andernorts erforderlich wäre. Inmitten der Traun- und Donauauen gibt es auch Trockenareale, in denen wasserscheue Spezies prächtig gedeihen. Die Auen stellen daher einen der artenreichsten Lebensräume in unseren Breiten dar und wurden deswegen zum Europa-Schutzgebiet erklärt. Große Teile sind auch als Naturschutzgebiet ausgewiesen.

Die wichtigste einheimische Baumart ist hier die Esche, die wir leicht an ihren gefiederten Blättern erkennen können. Dieses für Hartholzauen (Hartholze sind tiefwurzelnde Baumarten) typische Gewächs bevorzugt tiefgründigen, frischen bis feuchten Boden. Kletterpflanzen wie Waldreben und Wilder Hopfen überwuchern Büsche und Bäume und verwandeln den Auwald stellenweise in einen regelrechten Dschungel. Der Wilde Hopfen ist eine wild wachsende Form des Kulturhopfens, der in der Bierbrauerei verwendet wird. Er schlingt

sich um benachbarte Pflanzen, um nach oben zu wachsen und an die Sonne zu gelangen – die jungen Sprossen kann man wie Spargel essen.

Wir halten uns geradeaus und erreichen nach insgesamt 1,8 Kilometern eine Stelle, an der der Rundweg nach rechts abbiegt. Wer die Tour um 3 Kilometer verkürzen will, kann schon jetzt hier abzweigen. Wir marschieren aber noch weitere 1,5 Kilometer auf der Feldstraße dahin. Bald überqueren wir einen beschaulichen Altarm der Donau, der nun abgeschnitten ist und nur noch von Grundwasser gespeist wird. Solche dicht bewachsenen Stillgewässer sind Paradiese für viele Froscharten und seltene Wasserpflanzen. Umgestürzte tote Bäume queren den Lauf des Altarms, im Anschluss wechseln sich geschlossene Waldabschnitte mit Lichtungen

ab. Die Straße verläuft hier gelegentlich in Kurven. Kurz nachdem eine von rechts kommende Feldstraße in unseren Pfad mündet, geht ein weiterer Weg nach links von ihm ab (3,3 km). Hier machen wir kehrt, marschieren bis zur Abzweigung des Donauauen-Rundwegs zurück und folgen diesem nach links (4,8 km). Nun befinden wir uns auf einem engen Pfad, der auf beiden Seiten vom Auwald gesäumt wird. Hier herrscht die Hybridpappel, die an ihrem geraden, nicht verzweigten Stamm zu erkennen ist, vor. Man hat sie in dieser Region angepflanzt, weil sie schnell wächst und sehr ertragreich ist. Derartige Monokulturen sind jedoch sehr nachteilig für die Vielfalt im Lebensraum Au und so werden die Hybridpappeln allmählich wieder durch andere Baumarten ersetzt. Dort, wo der Weg sich verzweigt, halten wir uns rechts. Ein

Wegweiser ist zwar vorhanden, leider aber ein wenig verdeckt. Hier kann man einige Bombentrichter aus dem Zweiten Weltkrieg entdecken. Als amerikanische Flieger es wegen der starken Abwehr nicht schafften, bis zu den Hermann-Göring-Stahlwerken, der heutigen voestalpine, vorzudringen und die Treibstoffreserven knapp wurden, ließen sie ihre schwere „Fracht" hier fallen. Der Weg wird nun etwas uneben und wir müssen einige querliegende Baumstämme überklettern, die den Pfad blockieren. Dann setzen wir auf einer Stahlbrücke über das breite, beschauliche Mitterwasser. Hier gedeiht Pfeilkraut, eine Wasserpflanze, deren Blätter in ihrer Form einer Pfeilspitze ähneln. Schließlich gelangen wir zu einer Mulde und müssen ein paar schwierige Steinstufen hinaufsteigen. Bald taucht eine Schotterstraße auf, der wir nach rechts zurück zu unserem Ausgangspunkt folgen (6,4 km).

Rund um den Großen Weikerlsee

Für den Einstieg folgen wir dem vorigen Abschnitt – dieses Mal biegen wir aber nicht beim Donauauen-Rundweg-Schild nach rechts ab, sondern bleiben immer links am Seeufer. Nach der erwähnten Abzweigung verwandelt sich der breite Weg in einen engen, etwas unebenen Pfad. Meistens trennt uns ein schmaler Waldstreifen von der Wasserfläche, immer wieder erreichen wir aber Uferstellen. Der See ist ein wahrhaftes Eldorado für Wasservögel, besonders im Winter, wenn sich gefiederte Besucher aus dem hohen Norden in unseren relativ gemäßigten Zonen aufhalten. Hier kann man oft das eigenartige Balzen des Haubentauchers beobachten; die Partner nicken dabei einander wie steife Barocktänzer eifrig zu.

Nach 2,1 Kilometern erreichen wir den Treppelweg des Traunflusses und folgen dem Asphalt ein paar Schritte nach links zum Parkplatz. Weiter nach links erblicken wir stattliche Schwarzpappeln. Diese haben wie die vorher erwähnten Hybridpappeln (eine Kreuzung zwischen Kanadischer Pappel und Schwarzpappel) fast dreieckige Blätter, sind aber knorriger und die Stämme sind schon weit unterhalb der Krone verzweigt. Dieser Baum zählt zu den ursprünglichen Arten der Au, daher bemüht man sich, den Bestand zu sichern, auch wenn die Art nicht besonders ertragreich ist. Leider gestaltet sich die Vermehrung der Pappeln eher schwierig: Männliche und weibliche Blüten befinden sich auf verschiedenen Bäumen und da es nur wenige Exemplare gibt, findet eine Befruchtung auf natürlichem Weg nur selten statt. Außerdem sprießen die Keimlinge nur auf sandigen oder schotterreichen Böden, die hier kaum verbreitet sind. Um unterstützend einzuwirken, werden Stecklinge gezogen und in der Au ausgepflanzt.

Vom Parkplatz weg führt uns ein nicht markierter Weg nach links auf die andere Seeseite wieder zum Ausgangspunkt zurück (9 km).

15 *Plesching – Pfenningberg – Steyregg*

Diese Tour auf einen der Linzer Hausberge führt uns durch eine abwechslungsreiche Landschaft: Beim Aufstieg erleben wir einen Blick auf weidende Kühe vor einer Kulisse aus rauchenden Schloten. Wald und fantastische Felsformationen wechseln mit offenem Gelände und Ausblicken ins Mühlviertel ab. Im Frühjahr und Herbst ist es hier besonders reizvoll.

Schwierigkeit	anspruchsvoll; gut begehbare Wege
Steigung	270 hm
Länge	9,5 km bis zum Bahnhof Steyregg (ca. 2,5 Stunden Gehzeit) – bis zum Stadtplatz Steyregg: 8,3 km
Einkehr	Gasthaus Daxleitner nach 5,6 km (Tel. 0732/640140)
Anreise	von Linz über die Steyregger Brücke nach Plesching bzw. Steyregg. Parken am Pleschingersee oder beim Bahnhof Steyregg, Samstagnachmittag und Sonntag auch beim Seilertor und Freitag in Steyregg möglich **Öffentlicher Verkehr:** Diese Tour ist zwar keine Rundwanderung, lässt sich aber bequem mit Bus und Bahn organisieren. Mit dem Bus Linie 33 der Linz Linien bis Endhaltestelle Pleschinger See. Rückfahrt nach Linz mit der Summerauer Bahn oder mit der S-Bahn 3 vom Steyregger Bahnhof zum Hauptbahnhof Linz.

Von Plesching bis zur Wegkreuzung mit Bank

Vom Parkplatz beim Pleschingersee bzw. von der Bushaltestelle folgen wir den Wegweisern mit der Aufschrift „Pfenningberg 4,3 km“ und „Pfenningberg Tour“. Diese führen uns über eine Brücke bis zur Hauptstraße, wo wir rechts abbiegen. Kurz danach beginnt auf der anderen Straßenseite der Aufstieg auf Weg Nr. 50. Eine selten befahrene Straße leitet uns zwischen Häusern hinauf, bis wir einen Blick über den Pleschingersee gewinnen. Wir passieren das Gatter eines Mufflongeheges und erreichen nach einem Waldstück den Rastplatz Pfenningberg/Linzblick. Auf einer Wiese betrachten wir genüsslich weidende Kühe – gerne würden wir wissen, ob der Ausblick über den Hafen mit den Industrieanlagen im Hintergrund ihnen auch so gut gefällt wie uns. Jedenfalls machen sie sich keine Sorgen wegen des „Hehe-Manns“, einem boshaften Waldgeist, der einer Legende zufolge einen Goldschatz auf dem Pfenningberg horten soll und jeden, der diesem zu nahe kommt, mit seinen Krächzlauten verscheucht. Immerhin haben wir bereits einen wesentlichen Teil des Aufstiegs geschafft (2,2 km). Die plattgedrückten Erdkröten auf der Fahrbahn, die im Frühjahr auf dem Weg zum Laichgewässer Opfer des Autoverkehrs wurden, machen uns allerdings weniger Freude. Wir steigen ein wenig weiter hinauf und gelangen schließlich zu einer Wegkreuzung mit Bank (3,6 km).

Von der Wegkreuzung bis zum Gasthaus Daxleitner

Nun verläuft unsere Route auf und ab durch den Wald. Bei der nächsten Abzweigung schlagen wir nach links Richtung „Pfenningberg 0,4 km“ ein (4,1 km). Der Wegweiser „Stadtwanderung 8“ dient als neue Orientierungshilfe. Wer hier rechts marschiert, versäumt das Gasthaus und gelangt über den Finstergraben wieder nach Steyregg (siehe Wanderung 16). Auf einer kurvenreichen Forststraße durch einen Rotbuchen-Fichten-Mischwald steigen wir ein wenig empor und erreichen die Kreuzung zum Gipfel (4,6 km). Den Aufstieg können wir uns ruhig sparen: Der Forst ist dort so dicht zugewachsen, dass keine Aussicht möglich ist. Wir haben den höchsten Punkt unserer Wanderung überschritten und folgen

nun dem „Stadtwanderweg 8 (Nr. 50)“ leicht bergab durch den Wald bis zum Wirtshaus Daxleitner. Hier nehmen wir uns Zeit, um die riesigen Felsen im Wald gebührend zu bewundern. In der Nähe des Gastgartens erwartet uns ein fantastischer Panoramablick über das nähere Mühlviertel (5,6 km).

Vom Gastgarten Daxleitner zum Steyregger Bahnhof

Wir wählen den Weg Nr. 52 (Bertlstraße) und steigen nun stetig nach Steyregg hinab. Etwa 800 Meter weit marschieren wir durch einen Wald, dann mündet der Pfad in eine Asphaltstraße. Diese dirigiert uns durch eine Siedlung; am Ende einer Wiese lenkt uns der rot-weiß-rote Wegweiser Nr. 52 wieder auf einen Waldweg nach Steyregg hinunter. Wir passieren ein Alpakagehege und erspähen schon das mächtige Schloss Steyregg über uns. Auch wenn der Koloss eigentlich tausend Jahre alt ist, begegnet er uns nun in Renaissancegestalt. Am Ende des 16. Jahrhunderts war er dreimal so groß wie heute. Führungen werden leider nur selten angeboten. Unser Weg verläuft nun abschnittsweise steil über Asphalt. Wir wenden uns nach links in die Hauptverkehrsstraße, dann bald nach rechts zum Stadtplatz Steyregg (8,2 km). Nun passieren

wir den Stadtwirt und folgen der Weißenwolffstraße erst nach links, dann nach rechts am ehemaligen Hotel Weißenwolff vorbei. Über die Linzer Straße und die Bahnhofstraße gelangen wir schließlich zum Bahnhof (9,5 km).

16 Steyregger Runde

Der Pfenningberg bietet manch überraschenden Ausblick. Oben angekommen, finden wir uns inmitten eines Fleckerlteppichs aus Kulturflächen, Bauernhöfen und Waldparzellen wieder. Sofort verstehen wir, warum Oskar Kokoschka diese Perspektive für sein berühmtes Linzer Gemälde gewählt hat; das 1955 angefertigte klassisch-moderne Werk befindet sich heute im Lentos Museum. Im Herbst ist der Ausblick über Hafen und Donau farbenprächtig. Für diese Wanderung müssen wir einige Höhenmeter überwinden, die Wege sind aber leicht zu begehen.

Schwierigkeit	anspruchsvoll (wegen der Steigung)
Steigung	240 hm, auf gut begehbaren Wegen. Allerdings verlaufen diese manchmal auf und ab; die Gesamtsteigung beträgt daher ca. 300 hm
Länge	9 km (ca. 2,5 Stunden Gehzeit)
Einkehr	StadtWirt (www.stadtwirt-steyregg.at)
Anreise	von der Linzer Stadtautobahn über die Steyregger Brücke Richtung Perg, dann Richtung Steyregg Zentrum. Über die Linzer Straße gelangt man zur Weißenwolffstraße und zum Stadtturm **Öffentlicher Verkehr:** Hin- und Rückfahrt mit der Summerauer Bahn oder mit der S-Bahn 3 von Linz Hbf. zum Steyregger Bahnhof.

Vom Stadtturm bis Obernbergen

Unsere Tour beginnt im Mittelalter – nämlich beim Stadtturm in Steyregg. Früher wurde die im 14. oder 15. Jahrhundert errichtete Stadtmauer von drei Türmen gekrönt. Das einzig erhaltene Exemplar beherbergt heute ein kleines Heimatmuseum und hat ein Tor mit einem Kreuzgratgewölbe in seiner Durchfahrtshalle. Man nannte es „Seilertor", weil Handwerker früher davor Fischernetze herstellten und flickten. Unser Weg führt geradeaus durch die Stadtturmgasse, die Weißenwolffstraße, die Kirchengasse und die Windegger Straße. Wir orientieren uns an den Steyregger-Runde-Wegweisern. Einer davon lotst uns nach rechts in die Straße „Im Weih" und wir verlassen so die Stadt. Dann steigen wir allmählich auf einem Asphaltweg empor und passieren einen Spielplatz. Bald darauf lenkt uns das folgende Schild weiter hinauf. Auf einem Splittweg gelangen wir schließlich zur Hochebene. Wir befinden uns nun auf einer Lichtung und wenden uns nach rechts. Unser Blick streift über die Wiese, in der Ferne entdecken wir hinter einer lichten Reihe aus Bäumen die Donau. Jenseits des großen Stroms qualmen die Kamine der voestalpine Stahlwerke. Wenn die Sichtverhältnisse gut sind, kann man linkerhand die blau schimmernden Erhebungen der Alpen wahrnehmen.

Weiter folgen wir auf unserer Runde einem asphaltierten Weg und lassen uns nicht von den rot-weiß-roten Markierungen irritieren, die uns weiter nach oben leiten möchten. In ein kleines Waldstück eingetaucht, steigen wir ein wenig hinab, dann

wieder hinauf, und gelangen nach Obernbergen (2,6 km). Hier finden wir eine Kapelle, eine Bank und einige wenige Häuser vor. Unser Blick wandert zum Industriehafen hinunter, dahinter erblicken wir die Biegung der Donau, die Linz den ursprünglich keltischen Namen „Lentos" gegeben hat. In weiterer Entfernung scheint der Pöstlingberg mit seiner barocken Wallfahrtskapelle im Nebeldunst zu schweben.

Von Obernbergen zurück nach Steyregg

Wegweiser leiten uns in einen Laubwald aus Buchen und Bergahorn. Über feinen Schotter werden wir vom auf und ab verlaufenden Pfad nach oben geleitet. Wir erreichen zuerst eine Wiese, dann ein Gebäude an einer Kreuzung. Dieses Anwesen nennt sich „Stöttner", wobei der Name allerdings

nirgends ausgeschildert ist (4,4 km). Der Ausblick über die Donaubiegung und zum Pöstlingberg ist auch hier zauberhaft. Hinter dem Haus bewundern wir einen altgediegenen Vierkanthof. Nun steigt die zunächst asphaltierte Route merklich an, zuerst über eine Wiese, dann durch einen Wald. Sie leitet uns zu einer Lichtung, die den höchsten Punkt unserer Tour darstellt (5,3 km). Auf einer Feldstraße mit feinem Kies steigen wir nun meistens durch Wald bergab. Ein Graben erscheint rechterhand, dann wandern wir durch ein bachdurchflossenes Tal. An der Stelle, an der eine von rechts oben kommende Forststraße in unseren Weg mündet, informiert uns ein Schild, dass wir noch 1,9 Kilometer vom Ziel entfernt sind. „Finstergraben“ heißt dieser Ort, und tatsächlich, hier holt man sich garantiert keinen Sonnenbrand (7,1 km)!

Auf der weiteren Strecke bestaunen wir mächtige Blockburgen, aus deren Felsen Bäume zu wachsen scheinen. Geologisch betrachtet gehört der Pfenningberg, ein Ausläufer des unteren Mühlviertels, zur Böhmischen Masse, die vornehmlich aus Granit und Gneis besteht. Bäche begleiten uns rechts und links auf unserem Marsch zum Tal hinunter. Schließlich sehen wir das imposante Schloss Steyregg vor uns, das hoch über den Häusern der Stadt thront. Es wurde bereits im Jahr 1147 urkundlich erwähnt und ab 1580 im Renaissancestil ausgebaut. Heute ist allerdings nur ein Drittel des ursprünglichen Feudalsitzes erhalten geblieben. Führungen werden aber nur selten angeboten (Tel. 0732/640054). Unsere Route führt uns unten am Schloss vorbei und zum Stadtzentrum zurück. Wir biegen schließlich rechts in den Stadtplatz ein, passieren den StadtWirt und wenden uns nach links in die Weißenwolffstraße. So erreichen wir wieder unseren Ausgangspunkt (9 km).

Schloss Steyregg

17 Rundweg Gallneukirchen – Altenberg

Nicht weit von Linz kann man eine sehenswerte „Berg-etappe“ meistern: Zuerst marschieren wir durch das liebliche Mirellental und lassen beim Rückweg unsere Blicke über ein Stück des zurückgelegten Weges, umrahmt von idyllischen Hügelketten, schweifen.

Schwierigkeit	anspruchsvoll
Steigung	423 hm
Länge	12,2 km (ca. 3 Stunden Gehzeit)
Einkehr	Jausenstation Mirellenstüberl nach 10 km (Tel.: 07235/64210) Poke das Cafe (pokedascafe.at) Gasthof Prangl (www.gasthof-prangl.at) Sport Treff am Anfangs- bzw. Endpunkt der Route (www.freizeitcenter.cc)
Anreise	von Linz über die A7, Mühlkreisautobahn nach Gallneukirchen. Am Ortsanfang nach links Richtung Freizeitzentrum. Dort steht ein großer Parkplatz zur Verfügung. **Öffentlicher Verkehr:** Postbus/ÖBB Linie 310, 313 und 340 von Linz Hbf. bis Gall-neukirchen Marktplatz. Von dort zurück zur Lederergasse und zur Oberndorferstraße. Dieser folgt man an der Kreuzung mit der Badgasse nach links (Startpunkt)

Vom Freizeitzentrum nach Altenberg

Wir starten beim Freizeitzentrum Gallneukirchen und gehen an der Anlage mit Freibad und Tennisplätzen vorbei bis zum Seminarhotel Waldheimat. An dieser Stelle folgen wir zuerst dem Hinweisschild „Fitnessweg", das auf der Fahrstraße neben dem Hotel nach links leitet. Beim letzten Haus der Siedlung gesellt sich der Besitzer zu uns und erzählt, dass die Gemeindegrenzen mitten im nebenan fließenden Mirellenbach verlaufen. Bei Hochwasser soll es schon vorgekommen sein, dass sich diese durch Erdreichablösungen verschoben haben. Wir passieren einen Fischteich und hohe Laubbäume säumen unsere Strecke. Der Fitnessweg-Pfeil weist uns bei einer Gabelung nach links und führt über eine Brücke, wo der Schotterweg etwas anzusteigen beginnt. Wir treffen auf die erste Fitness-Station, nehmen aber vom Gebrauch derselben angesichts der weiteren körperlichen Herausforderung Abstand. Gleich danach tauchen wir in einen Mischwald ein, vielstimmiges Vogelgezwitscher und Eulenrufe begleiten uns auf der nun recht eben verlaufenden Strecke. Immer wieder wechseln sich Waldstücke und Lichtungen auf diesem Abschnitt ab. Wir gehen an der Abzweigung zum Mirellenstüberl vorbei (1,6 km), da wir uns erst später bei einer zünftigen Jause stärken wollen. Inzwischen hat der munter plätschernde Mirellenbach die Seite nach rechts gewechselt. Aus dem Wald heraus erreicht der ansteigende Weg eine Kreuzung, wo nun das grüne Schild „W/Mirellental, Nr. 41" als Orientierungshilfe dient. Wir

bestaunen ein uriges hölzernes Ferienhäuschen samt Teich und allerhand Tiertrophäen an der Hauswand. Blühende Mostobstbäume säumen den mäandernden Wanderweg, bis wir auf eine weitere Gabelung treffen (2,5 km). Wir halten uns geradeaus bzw. rechts auf dem Weg mit der Nummer 41. An schön renovierten Häusern vorbei steigt die Straße an, ein (nun gelbes) Schild mit der Aufschrift „Altenberg 41" kündigt den Ort in 1,5 Stunden Gehzeit an. Laub- und Nadelbäume, die links und rechts die Straße säumen, bilden ein schattiges Dach und bieten Schutz vor Hitze. Der Bach rauscht parallel zur Strecke talwärts. Nun treffen wir auf typische Mühlviertler Granitformationen, die als sogenannte Wollsackverwitterungen Reste eines gigantischen Urgebirges darstellen. Der Wegweiser „Nr. 41" wechselt weiter

wie ein Chamäleon seine Farbe – diesmal zu Rot-Weiß. Im Schatten geht es begleitet von beruhigendem Bachrauschen an Waldhängen vorbei. Wir marschieren an mehreren Fischzuchtteichen (3,1 km) vorbei und lassen uns vom Wegweiser weiter geradeaus leiten. Die Tour verläuft auf und ab durch lichten Mischwald und wird weiterhin gesäumt von Granitblockburgen. Insgesamt gewinnen wir aber an Höhe, was sich besonders am nun weiter unten fließenden Gewässer bemerkbar macht. Der Untergrund wird wurzeliger, aber durch den Nadelbelag auch weicher. Eine Bank lädt zu einer kleinen Rast ein. Kurz vor dem Waldausgang zweigt der Pfad nach links ab und wir folgen ihm nach unten. Die Hänge auf beiden Seiten des Weges sind von Veilchen übersät. Bei der nächsten Kreuzung überqueren wir auf einem Holzsteg den

Bach. Dem nun erscheinenden Bänkchen können wir widerstehen und gehen oberhalb am Waldrand – also nicht am Bach – entlang. Nach einer ansteigenden Linkskurve entdecken wir über mit Löwenzahn und Gänseblümchen übersäte Wiesen hinweg am Hauseck eines Bauernhofs wieder unser Orientierungsschild (4,3 km). Wir marschieren links um das Gehöft herum und steuern auf einem Asphaltweg bewaldete Höhenrücken an, wo wir am Waldsaum die erste Station eines Kreuzwegs ausmachen können. Umgeben von Wiesen, blühenden Mostobstbäumen und sanften grünen Hügeln treffen wir auf den hiesigen Altbauern, der mit schelmisch drohendem Zeigefinger anmahnt, beim Kreuzweg ja Buße für unsere Sünden zu tun.

Der nächste Bauernhof bietet Bioprodukte zum Kauf an; die zum Hof gehörigen Kühe blicken uns von der anschließenden Weide erstaunt nach. Ein nun wieder gelbes Schild weist uns an der nächsten Kreuzung nach rechts, dann nach 200 Metern links Richtung Altenberg auf einen Feldweg. Eine auf einem Feld eifrig mit dem Rechen hantierende Bäuerin erzählt uns von ihrer Großfamilie mit vier Generationen, aus denen sich leider noch immer kein Nachfolger für den Hof abzeichnet. Anschließend stapfen wir tapfer bergauf zum Wald, wo uns die erste Station des Kreuzwegs samt Bank und prachtvoller Sicht über die Mühlviertler Kulturlandschaft in Empfang nimmt (5,5 km). 15 Stationen umfasst der folgende Kreuzweg insgesamt. Wir begegnen einem Herren bei Ausbesserungsarbeiten, der uns vor allem die letzte Station – die von ihm

aufwendig renovierte bzw. neu erbaute Kapelle – ans Herz legt: Pilger aus dem In- und Ausland besuchen sie, die Neueröffnung hat sogar der Landeshauptmann vorgenommen. Für die Besichtigung müssen wir hinter dem Tennisplatz einen Abstecher nach rechts machen.

Zurück auf der Route passieren wir ein weiteres Waldstück und erspähen schon das Ortszentrum von Altenberg mit der Kirche im Mittelpunkt (6,2 km).

Von Altenberg nach Kulm

Wir machen uns nun auf den Rückweg, biegen bei einem Verkehrsspiegel rechts auf einen Wanderweg ab und tauchen gleich darauf in ein Wäldchen ein. Bei einer Kreuzung bleiben wir geradeaus bzw. rechts und überqueren auf einem als Steg genutzten Felsen einen Bach. Bei den folgenden Weggabelungen schlagen wir immer die rechte Richtung ein – erst am Waldausgang taucht wieder das rot-weiß-rote Schild auf. Eine Bank lädt hier zum Verweilen ein. Der Weg schlängelt sich nun kurz abwärts, dann steigt er wieder an und belohnt uns mit prachtvollen Panoramablicken über beeindruckende Hügelketten. Weiter geht es auf und ab durch blühende Alleen aus Mostobstbäumen. Schließlich erreichen wir die Ortschaft Kulm (8,1 km). Bei einem großen Gehöft (Kulm 7) mit schönem Steinbloßmauerwerk marschieren wir vorbei, folgen also nicht der Straße in die Linkskurve. An der nächsten Kreuzung wählen wir die mittige Option geradeaus (Nr. 42a).

Zum Mirellenstüberl bis nach Gallneukirchen

Wir mäandern nun mit der Strecke talwärts, an einem Waldstück bietet sich links ein Abstecher zu einem idyllischen Teich samt Hütte an. Vor unseren Augen nimmt das Gehöft zum Mirellenstüberl immer deutlichere Formen an. Achtung vor der letzten Orientierungshürde: An einer Wegkreuzung ohne Wanderschild geht es nach links, also nicht rechts nach Niederkulm. Bald gelangen wir wieder zu einer Gabelung

(Abzweigung Mirellental), die wir schon vom Hinweg kennen. Weiter unten folgen wir dem Schild zum Mirellenstüberl (siehe Gastronomie), von dem aus sich ebenfalls eine tolle Sicht eröffnet (10,0 km). Danach nehmen wir den nach rechts führenden Feldweg und kehren zu unserem Ausgangspunkt zurück (12,2 km).

18 Rundweg durchs wilde Feldaisttal

Hier ist die Natur noch ursprünglich – mit unbändiger Kraft braust der Fluss über riesige Felsbrocken, wütend zischt er über zahllose Kaskaden. Es scheint, als hätte ihn das Eindringen der Gesteinsmassen in sein Reich in Rage versetzt. Ein außergewöhnliches Naturspektakel in städtischer Nähe, das sich auch im Winter sehr eindrucksvoll präsentiert.

Schwierigkeit	mittelschwer (im Winter Vorsicht bei rutschigen Stellen)
Steigung	150 hm
Länge	9 km (ca. 2,5 Stunden Gehzeit)
Kurze Variante	von Pregarten zur Kriehmühle durch das Feldaisttal und zurück (7 km). Es ist auch möglich, ein Taxi zur Kriehmühle zu bestellen
Einkehr	Gasthof zur Bahn am Ausgangs- bzw. Endpunkt der Route, Jausenstation Kriehmühle am Ende der Talstrecke, ca. 3,4 km vom Start (www.kriehmuehle.at)
Anreise	von Linz auf der A 7, dann Richtung Bad Zell auf der B 124. Links abbiegen auf B 123 und im Ort Pregarten gegenüber dem Raiffeisen-Lagerhaus parken **Öffentlicher Verkehr:** S-Bahn 3 von Linz nach Pregarten oder mit dem Postbus/ÖBB von Linz Hbf.zum Bahnhof Pregarten

Von Pregarten bis zur Kriehmühle

Achtung: Wer den Taleingang weiter stadteinwärts wählt, landet auf der anderen Flussseite. Dort sind auf dem Weg häufig größere Steine zu übersteigen.

Vom unteren Ende des unter „Anreise“ beschriebenen Parkplatzes leitet uns ein asphaltierter Weg ins Tal. Schon beim Abstieg ist der Ausblick eindrucksvoll. Wir gelangen bald zur Klausmühle, die 1111 in den Besitz von Stift St. Florian überging und nach einer wechselvollen Geschichte 1903 zum Eigentum der Familie Kepplinger wurde. 1952 hat man sie umgebaut. Der folgende Talabschnitt, der meist im Schatten verläuft, ist der imposanteste Teil der Wanderung – hier beginnt das Landschaftsschutzgebiet „Feldaisttal“ (0,9 km), wo der Fluss eine Scholle Weinsberger Granit durchbricht und ein tief eingeschnittenes Tal, das zur Donau abfällt, bildet. An den Talflächen bewundern wir mächtige Felsformationen, die wie Stapel aus mit Wolle gefüllten Säcken anmuten. Als diese Gesteinsmassen in grauer Vorzeit noch unterirdisch lagen, drang mit diversen gelösten Materialien angereichertes Wasser in ihre Klüfte und vertiefte diese. So entstanden die abgerundeten und aufeinander getürmten Felsen, die auch „Wollsackverwitterungen“ genannt werden. Derartige Prozesse können allerdings nur unter bestimmten Klimabedingungen stattfinden – vor 1,5 Millionen Jahren war das Klima im Mühlviertel tatsächlich eher subtropisch. Durch Erosion traten die Formationen mit der Zeit an die Erdoberfläche und einige der abgerundeten Felsen fanden ihren Weg zum

Flussbett. Das Wasser hat nun seine Mühe dabei, sich einen Durchgang zu bahnen; wie vor Wut schäumend braust es über die lästigen Eindringlinge hinweg. Im Winter bietet sich dem Wanderer hier ein überaus imposantes Bild.

Wir marschieren auf und ab durch einen von Rotbuchen dominierten Mischwald. Der kraftvoll schmetternde Gesang der Zaunkönige begleitet unseren Weg. Des Öfteren vernehmen wir auch Singdrosseln, die ständig ihre Strophen wiederholen. Nach 1,7 Kilometern gelangen wir zu einem Brunnen, der leider kein trinkbares Wasser liefert. Dort steht aber immerhin ein Picknicktisch zur Verfügung. Nun müssen wir etwas klettern, um eine steinige Stelle zu überwinden. So erreichen wir eine Brücke, die uns einen lohnenden Blick auf das mit Felsen

übersäte Fließgewässer gewährt (2,1 km). Wir setzen den Weg auf der entgegengesetzten Flussseite fort und bleiben zumeist in Wassernähe. Einmal müssen wir jedoch einen kleinen Pass bewältigen. Kletterer arbeiten sich mit Seilen gesichert eine beliebte Felswand hinauf, während sich weiter vorne Badende auf den Uferfelsen räkeln. Schließlich erreichen wir die Jausenstation Kriehmühle (3,4 km).

Über Wartberg zum Ausgangspunkt zurück

Von der Mühle steigen wir steil auf der Straße hinauf, biegen aber bald in den Aisttal-Wanderweg Nr. 2 ein. Er leitet uns zunächst bergwärts einen Waldrand entlang, wobei wir uns am Ausblick über die Kulturlandschaft erfreuen. Nun steigt die Route gemächlich weiter an, bis wir uns an einer Asphaltstraße nach rechts wenden. Wir marschieren an einem Bauernhof und einigen Häuser vorbei und erreichen den Ort Wolfsegg (4,7 km). Die Route verläuft nun erneut durch einen Wald. Bei einer Kreuzung mit Marterl biegen wir links ab und steigen den Waldrand entlang Richtung Kalvarienberg. Der Weg leitet und meist durch offenes Gelände zur Kapelle empor. Oben angelangt (6,2 km) verschnaufen wir auf einer Bank und lassen die Szenerie auf uns wirken: der Wartberg mit Pfarrkirche, umgeben von Ackerlandschaft. Uns fällt auf, dass die Roggenfelder mit Kornblumen durchsetzt sind. Da diese Pflanzen künstliche Düngung nicht vertragen, deutet dies auf naturnahe Landwirtschaft hin. Wir steigen über 30 Höhenmeter zum Ort Wartberg hinab und lassen uns vom Wegweiser über die Hauptstraße leiten. Im Ort befindet sich eine gotische Kirche mit Netzrippengewölbe. Bislang war die Beschilderung vorbildlich, nun aber, wo wir müde sind, lässt sie uns im Stich. Am besten ist es, sich nach der Straßenüberquerung geradeaus zu halten, nach ein paar Metern links durch den Tunnel zu gehen, dann nach rechts zu schwenken und an der Volksschule vorbei zu spazieren. Dort wenden wir uns nach rechts und folgen der Linkskurve bis zum Friedhof. Gegenüber entdecken wir einen kaum sichtbaren, unmarkierten Pfad, der uns den grasigen Hang hinunter führt. Unten angelangt passieren wir ein Marterl, danach einige Häuser. An der Hauptstraße geht es nach rechts. Wir marschieren einige Meter, kommen an einer Bushaltestelle vorbei und wenden uns dann auf einen Pfad, der uns unter die Straße dirigiert. Er bringt uns weiter nach unten zur Klausmühle im Feldaisttal (8,1 km). Hier biegen wir links ab und folgen der bekannten Route im „Rückwärtsgang“ zum Ausgangspunkt zurück (9,0 km).

19 Wanderung bei St. Thomas am Blasenstein

Von der Ruine Klingenberg zu den Zigeunermauern – wir wandern durch die Buckelwelt bei St. Thomas, bestaunen gigantische Felsformationen, stecken neugierig den Kopf in eine Baumschlinge und „erstürmen" eine romantische Burgruine. Die Ausblicke sind fantastisch.

Schwierigkeit	anspruchsvoll
Steigung	240 hm
Länge	10,3 km (ca. 2,5 Stunden Gehzeit)
Einkehr	Gasthaus Ahorner in St. Thomas (Tel. 07265/54 74) – der Wirt gibt gerne Wandertipps
Anreise	von Linz über die A 7 und die Königswiesener Straße B 124. Vor Königswiesen lenkt der Wegweiser St. Thomas nach rechts. Von Steyr über B 115 und B 309, dann Münzbacher Straße, Pabneukirchner Straße und Klingenbergstraße nach St. Thomas. Der Weg zur Ruine Klingenberg ist ausgeschildert. Kostenlose Parkplätze stehen im Ort und am Beginn des Wanderwegs bereit. **Öffentlicher Verkehr:** mit Bus oder Bahn von Linz nach Perg. Dann vom Busterminal Perg nach St. Thomas. Keine Busse vom Ort zur Ruine

Zur Ruine Klingenberg und zurück

Wir stellen das Fahrzeug beim ausgeschilderten Parkplatz der Ruine gegenüber dem Forsthaus ab und folgen einer Forststraße durch einen schattigen Fichten-Mischwald zur Ruine hinauf. Der Weg steigt gemächlich an, nach der Abzweigung zur Burg müssen wir eine kurze steile Etappe in Kauf nehmen. Der Pfad leitet uns rund um die Anlage – bei einer Mauer mit Bänken eröffnet sich ein Panoramablick. An der Burg werden seit längerem Renovierungsarbeiten vorgenommen – das Tor ist bei unserem Besuch zwar versperrt, aber ein steiler Weg leitet an der Mauer vorbei zum Innenteil und von dort hinauf zum höchsten Punkt. Hier gewinnen wir einen Überblick der Gesamtanlage und der umliegenden hügeligen Kulturlandschaft (1,1 km). Die Burg wurde im 12. Jahrhundert errichtet und um 1630 in ein Renaissanceschloss umgebaut; Anfang des 18. Jahrhunderts brannte der größte Teil des Adelssitzes jedoch ab. Der heute noch erhaltene Bereich weist eine Höhe von bis zu 24 Metern auf. Nach der Besichtigung kehren wir auf dem gleichen Weg zum Parkplatz zurück (2,2 km).

Von der Ruine zu den Zigeunermauern

Nun folgen wir der Zufahrtsstraße am Parkplatz vorbei. Nach wenigen Metern lenkt uns ein S8-Wegweiser steil hinab nach links durch offenes Gelände, dann verläuft der Pfad durch einen Wald. Wir steigen nun ungefähr 40 Höhenmeter hinab. Ein junger Stier versucht, mit uns auf Tuchfühlung zu gehen, als wir unter einem elektrischen Weidezaun hindurch

schlüpfen. Nun steigt der Weg wieder an; wir passieren ein Bauernhaus, überqueren eine kleine Straße und steigen auf der anderen Seite auf einer Forststraße hoch. Eine in einer Kurve angebrachte Lehrtafel mit der Aufschrift „Grabner Alm" teilt uns mit, dass wir nun gelb getünchten Pfeilen auf Baumstämmen folgen sollen. Wer dies tut, muss einen kurzen, abrupten Abstieg in Kauf nehmen. Nach einigen Metern gelangt man zu eindrucksvollen Blockburgen und entdeckt einen Baum, dessen Stamm skurrilerweise in Form einer Schlinge wächst (4 km). Man hat dann die Option, den anstrengenden Pfad entlang der S8-Wegweiser fortzusetzen oder, so wie wir es machen, der Forststraße weiter zu folgen. Diese ist weitgehend eben, schlängelt sich aber unmerklich empor und steigt insgesamt ca. 50 Höhenmeter an. Der Weg mündet wieder in

die Route S8 und erreicht eine Fahrstraße, die wir überqueren. Über eine Treppe steigen wir nun steil einige Meter hoch. Bald wird der Weg flacher und steigt dann wieder etwas an, um anschließend wieder abzufallen. Ein neuer Straßenabschnitt leitet uns gemächlich weiter hinauf. Schließlich gelangen wir über einen steilen Pfad zu den Zigeunermauern (5,8 km): Diese bestehen aus eindrucksvollen Blockburgen (siehe Wanderung Nr. 18); früher haben sich hier Zigeuner, Prostituierte und Kriminelle aufgehalten. Besonders berüchtigt war der Räuberhauptmann Johann Georg „Hansjörg“ Grasl, der eine Bande von bis zu 60 Männern anführte. 1818 wurde er in Wien öffentlich hingerichtet. Seine angeblichen letzten Worte sind legendär: „Jessas, so vü Leit!“

Wir kehren auf dem gleichen Weg zum Parkplatz zurück (9,4 km). Diese Tour ist zwar romantisch, beschaulich und frei von Asphalt, dafür aber streckenweise recht anspruchsvoll. Ein kürzerer Rückweg verläuft über gepflasterte Straßen. Nach dem Abstieg von den Zigeunermauern auf der Route S 8 folgen wir der Straße hinunter, wenden uns bei der Kreuzung nach links und lassen uns vom Wegweiser „Ruine Klingenberg" nach rechts zurück bis zum Parkplatz dirigieren (2 Kilometer Straßenabschnitt), von wo aus wir mit dem Auto zurück ins Ortszentrum fahren.

Besichtigungen in St. Thomas

Vom Gasthaus Ahorner im Ort steigen wir ungefähr 300 Meter auf der Zubringerstraße der B 124 hinab und lassen die Landschaft auf uns wirken. Hier erkennt man besonders gut den „welligen“ Charakter der Gegend.

Dann steigen wir zur Kirche hinauf – dort wohnt der berühmte „luftg'selchte Pfarrer“, die Mumie eines 1746 verstorbenen Chorherren, dessen Leiche bemerkenswert gut erhalten blieb. Neben der Kirche entdecken wir die „Bucklwehluckn“: Nach altem Glauben befreit sich derjenige, der sich durch den Spalt im Fels zwängt, von Kreuzschmerzen und rheumatischen Leiden.

Wels und Scharten

20 *Schaunbergrunde*

Zwei gegensätzliche Perspektiven nimmt der Wanderer bei dieser Tour ein: Einmal empfindet er während des Anstiegs ehrfürchtigen Respekt vor einer mächtigen Burg. Dann übermannt ihn das triumphale Gefühl der einstigen Burgherren, als sie von den Mauern ihrer schier uneinnehmbaren Festung das Eferdinger Becken überblickten.

Schwierigkeit	mittelschwer
Steigung	170 hm
Länge	11,1 km (ca. 3 Stunden Gehzeit)
Einkehr	Gasthof Klinglmayr nach 3,5 km (www.klinglmayr.com)
Anreise	auf der B 127 nach Ottensheim, dann links auf der B 131 Richtung Feldkirchen und Aschach, über die Aschacher Donaubrücke nach Hartkirchen (30 km). Vor der Kirche finden sich kostenlose Parkplätze **Öffentlicher Verkehr:** Postbus/ÖBB Linie 672 von Linz Hbf. und Linie 660/661 von Wels Hbf. bis Hartkirchen Ortsmitte

Von Hartkirchen bis zur Ruine Schaunberg

Wir beginnen die Tour am Hauptplatz vor der Kirche und überqueren bei der Sparkasse links die Straße. Hinter dem Supermarkt setzen wir über die Bundesstraße Richtung Karling.

Nun marschieren wir durch die Eferdinger Kulturlandschaft, die von Äckern und Feldern dominiert wird. Der Wegweiser „Schaunberg Runde“ weist uns an, die Schienen der Lokalbahn zu überqueren. An der nächsten Gabelung heißt es links abbiegen und schon erreichen wir, begleitet von blühenden Mostobstbäumen, die Ortschaft Karling (1,3 km). In einem Linksbogen verlassen wir den Ort und bewegen uns weiter auf einer Asphaltstraße. Schließlich gelangen wir vor dem Hintergrund langer Baumalleen an großen Ackerflächen vorbei zur Ortschaft Deinham, wo wir rechts abbiegen. Auf einer Brücke bestaunen wir die umgebende Auenlandschaft der Aschach und entdecken gleich darauf auf einer Hügelkette noch etwas entfernt die Ruine Schaunberg. Zuerst aber kommen wir nach Pupping (3,3 km). Hier dirigiert uns der Wegweiser rechts über eine Brücke und führt links zum Franziskanerkloster. Hier fand der heilige Wolfgang seine letzte Ruhestätte; er soll vor dem Altar der Kapelle das Zeitliche gesegnet haben. Sehenswert ist neben dem Gotteshaus vor allem auch der angeschlossene Klostergarten.

Gegenüber der Anlage lädt der Gasthof Klinglmayr zu einer wohlverdienten Stärkung ein. Wir gehen rechts zum Gemeindeamt und folgen dem Wegweiser Richtung Flugplatz Pupping nach links. Erneut überschreiten wir die Gleise der Eferdinger Lokalbahn und haben die Burg hier schon zum Greifen nahe vor Augen. Rechts am unteren Ende des Flugplatzgeländes weist uns ein Schild an einer Gabelung nach links. An der folgenden Kreuzung zweigt die Strecke

halblinks in die Wiese ab. Wir marschieren an einem alten Bauernhaus vorbei und nehmen den steilen Anstieg durch den Wald zur Burg in Angriff. Dabei sind die ersten hundert Meter relativ schwer zu begehen, vor allem ist Vorsicht geboten, wenn es nass und matschig ist. Nach dieser „Prüfung" ist uns eine Bank zur Verschnaufpause sehr willkommen. Nach einigem Auf und Ab bietet sich bei der nächsten Bank ein erster schöner Auslick auf Hartkirchen, Aschach und die umliegende Kultur- und Hügellandschaft. Der Wald präsentiert sich hier sehr urwüchsig, Efeu rankt sich an den Baumriesen empor und umgestürzte Baumstämme werden großflächig von Moos bedeckt. Links des Pfades befindet sich ein noch intaktes Wirtschaftsgebäude der Burganlage, der Weg schlängelt sich weiter nach oben. Fast bei der Burg angekommen, erreichen wir eine

Fahrstraße und das muntere Klopfen eines Spechtes begrüßt uns (5,8 km). Beinahe ehrfürchtig betreten wir nun das Areal der größten noch existierenden Burganlage Oberösterreichs mit ihrem 32 Meter hohen Turm. Die Burg wurde 1161 erstmals urkundlich erwähnt. Nach dem Tod des letzten Schaunbergers gelangte sie in den Besitz der Starhemberger, die heute immer noch die Hausherren sind. Die Gesamtfläche hat ein Ausmaß von 17 500 m^2; heute zeigt sich eine Baugestalt aus dem 14. Jahrhundert. Von der einstigen Pracht sind nur noch einige Mauerstümpfe und hoch aufragende Mauerfragmente geblieben, die dennoch ihre Wirkung nicht verfehlen. Der etwas mühsame Aufstieg auf die Spitze des Aussichtsturms lohnt sich allemal: Ein grandioser Rundblick über das Eferdinger Becken, die Donau und das Mühlviertler Hügelland lässt

uns hier verweilen und wir kommen uns fast wie die alten Ritter aus der Zeit vor rund 800 Jahren vor.

Von der Ruine zurück nach Hartkirchen

Nach unserer Burgvisite kehren wir auf die Asphaltstraße zurück und folgen dem Wegweiser in Serpentinen hinunter. Im Zuge des Abstiegs gelangen wir nach Rienberg. Hier übersehen wir beinahe, dass die Route nach einer Rechtskurve scharf nach links abzweigt – also nicht weiter nach Wolfsfurth marschieren! – allerdings lässt sich diese Variante auch als Abkürzung nehmen. Nun begleiten uns bewaldete Hügelketten; wir verlassen die Siedlung Rienberg, wandern auf einer kleinen Pflasterstraße an einem plätschernden Bach entlang und mäandern so bis Poxham, wo die Route nach links einschlägt (8,3 km). Ehe die Strecke den Ort verlässt, dreht sie nach rechts und schlängelt sich links durch die Eferdinger Kulturlandschaft, die entlang einer Au von Baumalleen durchsetzt ist. An einer Kreuzung biegen wir rechts ab und gelangen so nach Hacking. Dann überqueren wir eine Brücke über die Aschach und sehen uns einer Flusslandschaft mit einem imposanten Wehr gegenüber. Der Weg verläuft weiter an Streuobstwiesen, Bauernhöfen und Siedlungshäusern vorbei. Am Ortsende zweigt die Route an einer Gabelung rechts ab und führt nach Pfaffing, dann links auf einen Schotterweg. Kurze Zeit später queren wir die Bundesstraße B 130 und bewegen uns parallel zur Straße auf einem Asphaltweg, bis wir nach ungefähr einem Kilometer unseren Ausgangs- und Zielpunkt in Hartkirchen erreichen (11,1 km).

21 *Panoramaweg im Obstparadies Scharten*

Anfang Mai tragen unzählige Kirschbäume ein prächtiges Blütenkleid und verzaubern die Obsthügellandschaft bei Scharten – das müssen Sie unbedingt erleben!

Schwierigkeit	mittelschwer
Steigung	125 hm
Länge	7,3 km (ca. 2 Stunden Gehzeit)
Einkehr	Gasthaus Deixler bei der Wallfahrtskirche in Scharten (Tel.: 07272/5236) Gasthaus Mair z'Edt ca. 1 km nach Beginn der Wanderung (Tel.: 07272/5221) Café-Bäckerei Mitterbauer in Unterscharten, ca. 1 km nach Beginn der Wanderung (Tel.: 07272/5234)
Anreise	von Wels auf der B 137 über die Oberfeldstraße bis nach Scharten. Kostenlose Parkplätze stehen beim Amtshaus zur Verfügung **Öffentlicher Verkehr:** Postbus/ÖBB Linie 664 von Wels Hbf. bis Scharten Ortsmitte

Von Oberscharten zum Firlingerhof

Vor dem Amtshaus in Oberscharten folgen wir dem Wegweiser des Panoramawegs nach rechts. Die mäßig befahrene Straße, die auf- und absteigt, leitet uns nach Unterscharten (1 km). Kurz nach der protestantischen Toleranzkirche verläuft die

Route auf einem Pfad. Achtung – beim Teich muss man sich rechts halten, der Wegweiser mit dem Panoramazeichen, an dem wir uns orientieren, versteckt sich hinter der Abbiegung. Der Weg leitet uns durch einen Fichtenwald mit schlammigen Stellen bergauf; in den tiefen Spuren von schweren land- und forstwirtschaftlichen Fahrzeugen sammelt sich Wasser. Weiter werden wir auf einem Feldweg durch einen ausgedehnten Obstbaumhain geführt. Die moderne Obstbaumwirtschaft verwendet Arten, die mit niedrigen Stämmen gezüchtet und in gleichmäßigen Reihen angebaut werden – sie lassen sich so leicht mit landwirtschaftlichen Maschinen pflegen und liefern große Früchte. Viel attraktiver sind aber die hochstämmigen Obstbaumsorten, die vereinzelt oder in lockeren Gruppen die Felder schmücken. Sie sind zudem Lebensraum für Spechte, Kleiber, Fledermäuse und Insekten. Man spricht hier von Streuobstwiesen, weil die Besitzer warten, bis die Bäume ihre Früchte fallen lassen, also „gestreut", haben und diese dann zu Most, Schnaps und Dörrobst verarbeiten.

Im weiteren Verlauf erreichen wir den höchsten Punkt unserer Tour, wo der Weg in eine ungepflasterte Straße mündet. Auf diesem „Gipfel" laden Picknicktische zum Verweilen ein (2,9 km) und es eröffnet sich eine lohnende Panoramaaussicht über blühende Obstbäume bis nach Scharten mit seiner Wallfahrtskirche. Nun gelangen wir zum Hof eines großen Obstbauern. Eine Weile wandern wir auf einer breiten Straße, dann dirigiert uns ein Wegweiser mit der Aufschrift „Kirschblütenweg" und dem Panoramawegzeichen nach links zum

Firlingerhof hinunter. Die Mostheurigen hier sind ein Erlebnis, haben aber leider nur wenige Tage im Jahr geöffnet.

Vom Firlingerhof zurück nach Scharten

Eine kurvenreiche Asphaltstraße führt uns nun hinab. Überall wartet die Landschaft mit wunderbaren Ausblicken auf: Felder mit blühenden Obstbäumen, kleine Waldstücke, vereinzelte Häuser und die Ortschaft Scharten in der Ferne. Schließlich gelangen wir an der Kreuzung mit der Hauptstraße, die den Ort Leppersdorf mit Scharten verbindet, zur Bushaltestelle Vitta (5,6 km). Wir queren die Fahrbahn und ein gepflasterter Weg leitet uns wieder nach Scharten hinauf. Bei einer Abzweigung wenden wir uns nach links. Man kann den Weg auch geradeaus fortsetzen und der Kronberg-Runde bis nach Scharten folgen

(Verlängerung der Tour um ca. 2,5 Kilometer). Auf einem grasigen Pfad überqueren wir einen Bach und folgen dem nächsten Panoramaweg-Wegweiser. Nun bringt uns ein steiler Aufstieg über einen „Grasteppich" zur Wallfahrtskirche in Scharten, die 1632 fertiggestellt wurde, zurück (7,3 km). Im barocken Hochaltar steht eine kunstvoll geschnitzte Figur: eine gekrönte Marienstatue, die das ebenfalls gekrönte Jesuskind trägt. Diese wunderbare Vision des Himmels sollte sich kein kunstbegeisterter Besucher entgehen lassen.

22 Naturparkhöhenweg bei Scharten

Verschwenderisch blühende Obstbäume und wunderbare Rundblicke im Naturpark lassen uns vergessen, dass wir uns auf der gesamten Tour auf Asphalt bewegen. Ein Bienenlehrpfad informiert über die fleißigen Tiere und ihre wertvollen Naturprodukte und beim Mostheurigen versüßen wir uns mit herrlichen Natursäften die Wanderung im Obst-Hügel-Land.

Schwierigkeit	leicht
Steigung	157 hm
Länge	5,9 km (ca. 1,5 Stunden Gehzeit)
Einkehr	Gasthof Bachleitner am Anfang der Route (www.gasthaus-bachleitner.at) Pizzeria Go-In am Anfang der Route (www.goin.at) Mostschenke Eigner nach 5,1 km (Tel.: 0676/5795339)
Anreise	von Linz auf der A1 kommend auf die A25 wechseln und bei Wels Nord abfahren. Danach auf der B137 Richtung Scharten und Finklham orientieren. **Öffentlicher Verkehr:** Postbus/ÖBB Linie 660 vom Welser Kaiser-Josef-Platz nach Finklham

Von Finklham bis zum Roithner Kogel

Wir stellen unser Fahrzeug ab und passieren den Gasthof Bachleitner. Nach 150 Metern erscheint erstmals ein gelber Wegweiser mit der Aufschrift „Naturparkhöhenweg 13" und leitet uns rechts bei einer Scheune bergauf. Nach einer Linkskurve, an der uns ein beachtlicher Laubbaum auffällt, schwenkt die Straße nach rechts und erreicht das Ortsende. Schon hier genießen wir ein 180°-Panorama über die umliegende Hügellandschaft, bunt „verziert" mit verstreuten Siedlungen, leuchtenden Rapsfeldern, Wiesen und Baumgruppen, Waldzügen und blühenden Kirsch- sowie Mostobstbäumen. Bei der Mittermeierkapelle informiert uns ein Schild darüber, dass wir uns in einem Wasserschutzgebiet befinden. Wir marschieren an einer Allee mit alten knorrigen Mostobstbäumen entlang, bis wir zu einer Kreuzung gelangen (1,1 km); der Wegweiser leitet uns weiter geradeaus. Nun öffnet sich auf der linken Seite ein Blick nach Norden, unterhalb des Horizonts schweift das Auge über die allgegenwärtigen Mostobstbäume sowie über Felder, Wiesen und Wälder. Beim nächsten Schild biegt eine weitere Wanderroute nach Roitham ab. Auf einer relativen Höhe unserer Strecke angelangt, überwältigt uns der nächste Rundumblick. Nun verläuft der Weg flach, nördlich entdecken wir in der Ferne Eferding und die Ruine Schaunburg. Eine anschließende Linkskurve bringt uns nach Roithen. Auf der linken Seite entdecken wir eine Weide mit Pferden und uns fällt auf, dass die alten Bauerngehöfte in dieser Siedlung

eigenartig durcheinandergewürfelt scheinen. Hinter der Ortschaft verläuft unsere Route schnurgerade und fast eben, eine Tafel weist die Gegend als Naturpark aus. Schließlich erscheint auf der rechten Seite ein Hügel mit fünf einsamen Bäumen und einem Jägerstand – der Roithner Kogel.

Über den Bienenlehrpfad zurück nach Finklham

An der nächsten Kreuzung führt uns der Pfeil nach rechts in die Roithnerkogelstraße (2,7 km). Die Sonne hat es nun geschafft, das dichte Wolkenband über uns zu durchbrechen und wärmt wohltuend den Körper. Zwischen Äckern und Wiesen marschieren wir weiter geradeaus auf einem leicht abschüssigen Weg auf die nächsten Baumgruppen und Hügelrücken zu. Die Straße beginnt langsam nach links zu schwenken

und schlängelt weiter talwärts. Hier eröffnet sich erneut ein Blick auf Eferding. Schließlich gelangen wir zur Kreuzung mit der Hartbergerstraße (3,7 km), wo wir rechts abzweigen. Auf der linken Seite befindet sich ein imposanter Steinbruch. Nun marschieren wir an wilden, weiß blühenden Hecken und Sträuchern vorbei und tauchen in einen Nadel-Laub-Mischwald ein. Rechterhand finden wir nun einen Bienenlehrpfad mit 15 Infotafeln und Stöcken mit Insektenhotels vor (4,5 km). Hier erfahren wir zum Beispiel, dass über 90 Prozent unserer landwirtschaftlichen Nutzpflanzen durch die fleißigen Insekten bestäubt werden.

Nach einigen hundert Metern bietet sich die Möglichkeit, der Hubertuskapelle einen Besuch abzustatten, wir bleiben

aber auf unserer Route. Unmittelbar hinter dem Waldstück lädt der Mostheurige zu einer Stärkung ein (5,1 km). Ausgeruht und vom ausgezeichneten Most etwas beschwingter

begeben wir uns auf die letzte Kurzetappe auf der Hartberger Bezirksstraße. Vor uns im Tal eingebettet erspähen wir schon unseren Ziel- und Ausgangspunkt Finklham (5,9 km).

23 Weberbartlweg

Der „Weberbartl" war ein Führer der Protestanten in der Zeit um 1782. Nach ihm wurde eine Apfelsorte benannt, denn bereits ab dem 16. Jahrhundert erzeugte man in dieser Gegend Most. Die Tour in der welligen Kulturlandschaft des Naturparks Obst-Hügel-Land ist sehr angenehm, die Route führt mit wenigen Steigungen meist durch offenes Gelände. Besonders im Mai, wenn sich die Apfelbäume in duftendes Weiß hüllen, gibt es lohnende Ausblicke, auch wenn die Dichte der Obstbäume bei Scharten wesentlich höher ist.

Schwierigkeit	leicht
Steigung	130 hm
Länge	9 km (ca. 2,5 Stunden Gehzeit)
Einkehr	Bäckerei-Café Wurm am Anfang der Strecke (Tel.: 07249/20423) Gasthaus Baumgartner am Anfang der Strecke (www.gh-baumgartner.at)
Anreise	von Wels auf der B 137, dann rechts auf die B 134 bis St. Marienkirchen. Kostenlose Parkplätze stehen bei der Kirche oder dem Freibad zur Verfügung. **Öffentlicher Verkehr:** mit dem Bus Linie 662 des OÖVV von Wels Hbf. bis St. Marienkirchen an der Polsenz, Haltestelle Schule

Von St. Marienkirchen an der Polsenz durchs Land

Die ausgezeichnet beschilderte Route beginnt im Ortszentrum in der Nähe der Kirche. Zunächst wandern wir zwischen einem Sportplatz und der Polsenz: Im Jahr 2007 wurde ein 500 Meter langer Abschnitt des Bachs im Ortszentrum von St. Marienkirchen renaturiert. Vorher war das verengte, schnurgerade Gewässer mit Blocksteinen eingefasst und begradigt – dadurch floss das Wasser aber sehr schnell und trat bei starken Regenfällen über die Ufer. Nachdem der Bach von seinem Steinkorsett befreit wurde, kann das Gewässer nun wieder Mäander bilden. In seiner neuen, naturnahen Gestalt fließt es langsamer, die Überschwemmungsgefahr hat sich verringert und neue Lebensräume für Pflanzen und Tiere sind entstanden. Wir überqueren das Kleingewässer und folgen ihm weiter. In dieser Gegend wohnte einst der „Weberbartl", mit richtigem Namen Bartholomä Reiter. Ende April zeigt der Kiebitz in den Feldern lautstarke, atemberaubend luftakrobatische Vorführungen. Damit unterhält er auch die Hasen, die sonst eifrig nach frischem Grünzeug suchen. Ein Wegweiser leitet uns wieder über die Polsenz und durch mehrere Äcker zu einigen neugebauten Häusern. Wir wenden uns nach links und erreichen einen Rastplatz, der mit Bank und Lehrtafel ausgestattet ist (1,7 km).

Der Weg dirigiert uns weiter durch Felder und an einem Anglerteich vorbei. Dann steigen wir ein wenig hinauf und genießen die Sicht auf blühende Apfelbäume. Bei einem weiß getünchten Bauernhof lenkt uns die Route scharf nach links (2,9 km). Nun überqueren wir einen Bach und steigen allmählich bergauf, zum

Teil durch lockeren Wald. Plötzlich entdecken wir Hörner und Ohren im Gebüsch – ein Reh hat sich dort vor uns versteckt. Es glaubt sich gut verborgen, als wir näherkommen, sucht es rasch das Weite. Bei einem Bauernhof stehen einige Bänke zum Verschnaufen bereit. Der Pfad beschreibt hier eine Kurve (3,7 km), auf gepflastertem Untergrund steigen wir nun hinab und wenden uns nach links in eine verkehrsreiche Fahrstraße. 100 Meter weiter lenkt uns ein Schild nach rechts, dann überqueren wir erneut die Polsenz (4,6 km).

Zurück nach St. Marienkirchen

Auf Asphalt gehen wir bergauf und biegen nach rechts in eine Feldstraße ab. Von einer Bank aus genießen wir den Blick über ausgedehnte Felder in verschiedensten Schattierungen. Wie

Perlen schmücken vereinzelte Apfelbäume die Landschaft. Der Weg steigt nun an, beschreibt einen Linksbogen und belohnt uns mit einem prächtigen Panorama. Schließlich gelangen wir zu einem Bauernhaus (Fürneredt), bei dem wir uns nach rechts orientieren (5,6 km). Der Weg verläuft leicht bergauf. Bei einer Kreuzung direkt vor der Fürneredter Kapelle geht es nach rechts. St. Marienkirchen ist bereits in Sichtweite. Ein grasiger, baumgesäumter Pfad lenkt uns zur Straße hinab. Anstatt uns direkt zum Ort zurück zu bringen, weist uns der heimtückische Wegweiser nach rechts, dann wieder nach links, und wir müssen erneut einen Aufstieg bewältigen. Der Kreuzweg entlang einer Natururnenwiese bringt uns zum Ausgangspunkt zurück (9 km). Wer möchte, kann im Ort noch das Mostmuseum besuchen – der Eintritt versteht sich inklusive Kostproben.

24 Irrachhöhenweg

Wanderer mit Hang zur Romantik und Liebhaber großartiger Fernsichten, aber auch Menschen, die für Spiritualität etwas übrig haben, werden dieser attraktiven Tour nördlich von Wels einiges abgewinnen können. Eine Anzahl von Mostheurigen in der näheren Umgebung lädt zum gemütlichen Ausklang und zur Stärkung ein.

Schwierigkeit	mittelschwer
Steigung	207 hm
Länge	9,1 km (ca. 2,5 Stunden Gehzeit)
Einkehr	Silbers Heuriger – etwas abseits der Strecke (www.silbersheuriger.at) Schneeberger's Mostheuriger (Tel. 07247/8036) Jäger's Mostschenke (Tel.: 07247/6680)
Anreise	von Wels über die A 8 bei Pichl/Wels abfahren und links dem Wegweiser nach Pichl folgen. Im Ort an der Kirche rechts vorbei geht es zum Gemeindeamt, wo Gratisparkplätze zur Verfügung stehen. **Öffentlicher Verkehr:** Postbus/ÖBB Linie 646 von Wels Hbf. bis Pichl Ortsmitte, Start vom Gemeindezentrum

Von Pichl bis zur Panoramabühne des Toten Gebirges

Wir starten vom Gemeindeamt und lassen uns vom ersten Schild mit der Aufschrift „Irrachhöhenweg Nr. 2" nach links leiten. Nach einer kleinen Brücke über den Innbach biegen wir links in den Bachweg ein, wenden uns nach 200 Metern erneut links und kehren bald über eine Brücke wieder auf die andere Flussseite zurück. Ein kleines Au-Biotop erquickt hier unsere Sinne. Gleich darauf überqueren wir zum dritten Mal ein Gewässer, diesmal einen Zufluss zum Innbach, halten uns rechts und begutachten linkerhand die Pfarrkirche. An der Hauptfahrstraße angelangt, dirigieren uns Pfeile nach rechts und über die Fahrbahn der Bezirksstraße. Links geht es nun weiter auf der Sportplatzstraße. Erstmals kommen bewaldete Höhenrücken in Sichtweite. Die Asphaltstraße entfernt sich immer mehr vom Ortskern und bewegt sich auf die Autobahn zu, die wir in einer Unterführung passieren. Wir marschieren am Sportplatz vorbei (Ortsteil Winklfeld, 1,2 km). Die Strecke beschreibt nun eine Rechtskurve, die Landschaft wird immer grüner. An dieser Stelle sind einige Baumarten mit Infotafeln versehen – etwa Traubenkirsche, Sommerlinde oder Zitterpappel. Wir wandern den Straßenverlauf ein kleines Rinnsal entlang weiter und überqueren nun das vierte Mal Wasser.

An einer Gabelung halten wir uns geradeaus – der Hohlweg hier steigt leicht an und zweigt nach 100 Metern wesentlich steiler ab, um dann in ein schattenspendendes Waldstück einzutauchen. Dieser Abschnitt geht auf einer lichten Passage in einen Wiesenweg über, danach wieder in einen Wald. Nach einer mehrere hundert Meter langen „Bergetappe" begrüßt uns plötzlich am Waldausgang ein stolzer Hahn mit seinem Hühnerharem. Hier finden wir am Rande eines Gehöfts ein kleines Biotop mit Enten, Fasanen und Ziegen vor. Wir stoßen auf eine kreuzende Straße, der wir links folgen (2,3 km). Den Abschluss der bunten „Geflügelfarm" bildet nun eine große Schar Gänse. Alleen von blühenden Mostobstbäumen säumen jetzt unseren Weg. Am Anfang der Ortschaft mit dem Namen Holzhäuser zweigt unsere Route rechts vor einem Bauernhaus auf weichen Wiesenuntergrund ab. Wenig später weist das Schild wieder nach rechts und wir wandern zwischen Feldern und Wald sowie an zahlreichen Holzstapeln vorbei. Nach kurzem Anstieg gelangen wir an eine Waldkreuzung und folgen

dem Weg nach links, nun aber durch offenes Gelände. Hier lässt ein großartiger Panoramablick unseren Atem beinahe stocken: Höhenzüge in unzähligen Grünschattierungen, darüber eine scheinbar endlose Hochgebirgskette. Links beleuchtet die Sonne wie ein „himmlischer Bühnentechniker" ein goldgelbes Rapsfeld mit ihren gleißenden Strahlen.

Vom Alpenblick zur Jakobskirche

Noch immer überwältigt von dieser Aussicht gelangen wir zur leider stark befahrenen Fallsbacher Straße (3,3 km) und folgen dieser nach rechts. Vor uns setzt sich die imposante Kapelle von St. Peter mit dem mächtigen Gebirgszug im Hintergrund in Szene. Nach ca. 600 Metern zweigen wir endlich links von der Straße ab und wandern in einer Rechtskurve durch weitläufige Ackerflächen. Bei einer Weggabelung tauchen wir links wieder in ein kleines Wäldchen ein und steigen in Kehren bergauf. Schnaufend legen wir auf den Stufen zu einem Wasserversorgungshäuschen eine kleine Pause ein. Die Route mündet außerhalb des Waldes in einen Wiesenweg. Nun marschieren wir am Waldrand entlang, zuerst flach, dann talwärts, schließlich sanft ansteigend nach links. Plötzlich flattert ein aufgeschreckter Fasan hoch und unterbricht unseren gemächlichen Wandertrott. Der Weg beschreibt hier einen kurzen Linksbogen, ehe er wieder in offenes Gelände führt. Nun erleben wir erneut ultimativen Naturgenuss: bewaldete Hügelketten, Rapsfelder, Wiesen, verstreute Gehöfte und Streuobstbäume. Wir bewegen uns auf eine der fast blendend gelben Rapsanbauflächen zu und kommen zu einer Asphaltstraße, wo uns das Wanderschild nach rechts dirigiert. Direkt an der Kreuzung wenden wir uns wieder nach rechts. Hier haben wir zum wiederholten Mal Sicht auf die schneebedeckten Erhebungen des Toten Gebirges. Darunter entdecken wir die von grünen Hügeln umrahmte Silhouette der Stadt Wels. Bald darauf erreichen wir den Ortsteil Haag und marschieren an einem schön renovierten Gehöft vorbei. Diesmal öffnet sich ein weitgestrecktes Panorama nach Norden; unsere Route trifft hier auf den lokalen Jakobsweg, der an dieser Stelle nach rechts abzweigt (5,2 km). Wir wenden uns aber nach links, durch Äcker und Felder, und steuern rechts einen Waldrand an, den wir leicht bergab entlang wandern. Weiter vorne nehmen wir bereits das Rauschen des Verkehrs auf der A8 wahr. Der Weg verliert nun merklich an Höhe; in einem Hohlweg scheinen die freiliegenden Wurzeln einzelner Bäume nach uns zu greifen. Nach einigen hundert Metern erblicken wir auf einer Lichtung links die

Autobahn. Die Waldstimmung ist durch und durch vom Vogelgezwitscher geprägt. Wir treten aus dem Wald heraus und entdecken die Jakobskirche vor dem Hintergrund einer lieblichen Landschaft. Wir haben Glück und treffen auf den Bauern des angrenzenden Gehöfts – dieser ist der Herr über den Schlüssel und lässt uns das Gotteshaus bereitwillig besichtigen (6,4 km). Über die Kirche und die Pilger gibt es allerhand zu berichten und bei einem Gläschen selbstgebranntem Schnaps in der gemütlichen Stube erzählen die Bauersleute vom bäuerlichen Betrieb, der sich schon seit mehreren Generationen im Besitz der Familie befindet.

Von der Jakobskirche zurück nach Pichl

Beschwingt und mit einem Liter Schnaps im Rucksack mäandern wir – nur aufgrund des Straßenverlaufes! – anschließend mit der Straße talwärts. Bald halten wir uns an einer Gabelung links und passieren, vorbei an riesigen Rapsfeldern, die Ortschaft Unterirrach. Erneut geht es durch eine Unterführung der Autobahn, bis wir nach Schnittering gelangen (7,4 km). An der Hauptfahrstraße wenden wir uns nach rechts, am Ortsende nach links. Nach einer weiteren Linkskurve stoßen wir auf einen Teich, an dem sich Hühner, Enten und Gänse tummeln. Links überqueren wir den Innbach, direkt beim Ortsschild Pichl. Hier wandern wir wieder eine Auenlandschaft entlang, bis schließlich der Turm der Pfarrkirche Pichl in unser Blickfeld rückt und wir unseren Ausgangs- und Zielpunkt beim Gemeindeamt erreicht haben (9,1 km).

25 *Welser Rundwanderung*

Aus der Vogelperspektive schweift unser Auge bei dieser Tour über Alpengipfel, die Stadt Wels und das Trauntal mit seiner üppigen Auvegetation. Einige Zeit später befinden wir uns unten im dichten Flussdschungel und der Strom wälzt sich vorbei. Schließlich steht noch der Besuch einer Wallfahrtskirche auf dem Programm.

Schwierigkeit	leicht
Steigung	87 hm
Länge	8,7 km (ca. 2 Stunden Gehzeit)
Einkehr	Isola Bella am Beginn bzw. Ende der Wanderung (Tel.: 0660/7554000) Gasthof Rathner nach 2,5 km bei den Bahngleisen 50 Meter rechts der Route (www.gasthofrathner.com) Gasthaus Schauersberg neben der Wallfahrtskirche nach 4 km (www.gasthof-schauersberg.at)
Anreise	in Wels vor der Traunbrücke im Bereich des Messegeländes parken. **Öffentlicher Verkehr:** Bus Linie 16 der Linie Wels bis Rossgasse. Von dort zurück zum Kreisverkehr und dann links in die Aigenstraße

Vom Messegelände bis zur Marienwarte

Von der Traun aus umrunden wir einen attraktiv mit Pflanzen gestalteten Kreisverkehr und setzen den Weg zuerst geradeaus und dann nach links fort. Hier beginnt ein Park, der sich mit alten, hohen Laubbaumbeständen über die Nordseite des Reinbergs erstreckt. Wir bleiben aber auf der Aigenstraße und steigen hinauf zu der mit Fassadenmalerei geschmückten Nothelferkapelle. Gleich links neben dem Gebäude nehmen wir einen kleinen Einstieg (St. Ägydiweg), der einige Meter steil nach oben führt. Vorbei an einem von Gebüsch überwucherten, verfallenen Haus überqueren wir eine Wiese und betreten den Parkwald. Hier halten wir uns unmittelbar scharf links und streben in Serpentinen der Marienwarte entgegen. Zwischendurch öffnet sich ein erster Ausblick über das Zentrum von Wels. Der Weg verläuft flach an einem Maschendrahtzaun entlang, bis wir durch Laub und Geäst den Turm über uns erspähen. Bald darauf erreichen wir unser erstes Etappenziel, die im 19. Jahrhundert erbaute Marienwarte (0,9 km). Immerhin haben wir jetzt 140 Stufen zu überwinden, bevor uns der Rundblick von oben gänzlich den Atem raubt: Vor uns breiten sich Wels und Umgebung mit dem Trauntal samt üppiger Auvegetation aus, wobei die Thalheimer Kirche malerisch auf einer Anhöhe thront. In südlicher Richtung erstreckt sich das breite Band des Toten Gebirges und der Traunstein präsentiert sich in einem natürlichen Rahmen aus Laubbäumen.

Von der Marienwarte zum Bodenlehrpfad

Auf dem weiteren Weg halten wir uns bei Gabelungen immer links bzw. geradeaus auf den höheren Wegvarianten. Wir passieren zuerst einen Holzpavillon mit Tischen und Bänken, entdecken links außerhalb des Waldes das Gebäude von Schloss Bruckhof und bewegen uns auf oder unterhalb der Böschungskante stets Richtung Westen. Bei einer weiteren Gabelung geht es links hinauf. Im dichten Laubwald vor der Sonne geschützt kommen wir an einer Weide mit friedlich grasenden Pferden vorbei. Bald darauf stoßen wir auf Station 18 des einmündenden Fitness-Parcours, wandern aber rechts davon weiter. Bei Station 15 geht es bergab, wir bemerken links eine Kapelle, bleiben aber unbeirrt geradeaus auf unserem Pfad. Ab hier entscheiden wir uns bei Wegkreuzungen nun jeweils für die rechte Alternative und gelangen schließlich aus dem Wald heraus zu den Gleisen der Eisenbahn.

Vom Bodenlehrpfad bis zur Wallfahrtskirche

Gleich darauf stoßen wir an der Thalheimer/Ascheterstraße auf den Pilgerweg (2,4 km). An der Stelle, wo wir diesem links folgen, wurde ein 380 Meter langer Bodenlehrpfad angelegt, der eine Reihe von Lehrtafeln bereithält. Auch eine Bank zur Rast steht zur Verfügung. Wir bewegen uns nun entlang des Aiterbachs, der rechts von einem grünem Auengürtel gesäumt wird; auf der linken Seite befindet sich eine Reihenhausanlage. Der Bach selbst ist wegen der dichten Vegetation verdeckt. Ein Schild mit der Aufschrift „Rundweg 1" macht auf sich aufmerksam; im Frühsommer wird man auf diesem Teil des Weges von den Duftschwaden des blühenden Holunders umfangen. Der Pfad geht nun in eine Asphaltstraße über. Am Ende einer Rechtskurve überqueren wir den Aiterbach und biegen rechts Richtung Wallfahrtskirche Schauersberg ab. Wir sollten zwar dem Schild „Rundwegs 1" folgen, zeigen uns aber ungehorsam und steuern unbeirrt den Gasthof Schauersberg an, der hinter einer Linkskurve liegt. Hier erwartet uns vom Gastgarten aus ein schöner Blick auf ein wogendes Getreidefeld (4,0 km). Die danebenliegende spätgotische Wallfahrtskirche, 1490 eingeweiht, ist jedes Jahr Ziel für zahlreiche Pilger. Der Grund dafür liegt in der angeblichen wundersamen Heilung des Grafen Sigmund von Pollheim, der an Gicht gelitten hatte.

Auf dem Jakobsweg zurück zum Ausgangspunkt

Nach 200 Metern Retourweg biegen wir an einer Brücke mit Blick auf ein Wehr links ab, nach weiteren 100 Metern rechts. Hier marschieren wir auf der Traunleitenstraße und dann auf der Traunuferstraße, bis wir die Siedlung Schauersberg verlassen und durch offenes Gelände zur Innkreis-Autobahnbrücke gelangen. Diese überqueren wir unterhalb der Brücke. An der anderen Uferseite geht es scharf rechts wieder nahe an den Fluss (5,6 km). Auf einem schmalen Weg mit teils betoniertem, teils erdigem Untergrund folgen wir dem Strom flussabwärts. Die Bäume auf beiden Seiten bilden hier ein Laubdach, sodass man im Sommer vor der Mittagshitze geschützt ist. Vögel flattern quer über den Pfad, ihr Zwitschern begleitet uns die gesamte Retourstrecke. Immer wieder führen Stufen und kleine Pfade zum Fluss hinunter, wo Erholungssuchende entspannt den Wellen der Traun nachblicken. Auf der gerade verlaufenden Strecke finden wir auch einen Tisch mit Bänken, wo wir eine willkommene Verschnaufpause einlegen. Ein gepflegter Park auf der linken Seite zeigt an, dass wir wieder städtisches Gebiet erreicht haben. Gleich darauf verlassen wir die dichte Au-Zone und beobachten amüsiert die ausgelassenen Kinder, die sich zu unserer Linken im Welser Freibad abkühlen. Schließlich gelangen wir zum Museumssteg des Kunstmäzens Angerlehner, der auf die andere Uferseite und zum Museum Angerlehner führt. Wir bleiben aber links vom Fluß, denn wir sind schon fast beim Messegelände angelangt, von dem es nun nicht mehr weit bis zu unserem Ausgangspunkt ist (8,7 km).

26 *Familienpark Agrarium*

Bei diesem Parcour kommt es kaum auf Kilometer und Höhenmeter an, vielmehr werden hier Aufmerksamkeit und alle Sinne gefordert. Dabei kommen sowohl Kinder aller Altersstufen als auch Erwachsene auf ihre Kosten – der Park wartet mit vielen wissenswerten Informationen, Spielen, Bewegungsmöglichkeiten und interessanten Tieren auf.

Schwierigkeit	leicht (für die Muskeln, nicht aber für Geist und Sinne)
Länge	ca. 2 km
Steigung	keine
Einkehr	Agrarium-Gasthaus Zaubergartl (www.agrarium.at)
Anreise	von Wels über die B 138 und die L 537 nach Steinerkirchen an der Traun. Von dort auf der L 1312 zum Familienpark Mit öffentlichen Verkehrsmitteln ist der Park leider kaum zu erreichen.

Wir stellen unser Fahrzeug auf dem kostenlosen Parkplatz ab. Der Eingangsbereich samt Restaurant ist als Rundanlage gestaltet und wirkt fast wie eine Westernstadt. Auf die Besucher warten 60 Themengärten, 600 Arten von Nutzpflanzen, 10 000 m² Tierweiden und 25 Erlebnisparcours. Die Höhe des Eintritts variiert

je nach Programm – möglich sind zum Beispiel Traktor-Rundfahrten, Fladenbrotbacken oder Power-Paddling. Man kann sogar eine Bier- oder Genuss-Matura ablegen.

Das Agrarium verfügt über mehrere interaktive Lehrpfade zu verschiedenen Themen. Gleich bei der ersten Station

informiert der „Äpfl & Birn'-Lehrpfad“ über alte Arten, insgesamt gibt es hier 27 Apfel- und 18 Birnensorten, von denen man seinen Favoriten „erschmecken“ kann. Im „Boden-Reich“ erfährt man Wissenswertes über ökologische Kreisläufe, im Labor kann man selbstgenommene Proben testen und bei der Auflockerung des Bodens mit Gartenkralle und Rechen Hand anlegen. Außerdem gibt es jede Menge Bodeninsekten zu entdecken, die den Lebensraum Erde bevölkern. Die Palette an Themengärten ist so groß, dass für jeden Geschmack etwas dabei ist. Zu bestaunen gibt es unter anderem Zierpflanzen, ein Kräuter-Plateau, einen Beerengarten und einen Wildbienenlehrpfad sowie die Hummelflugschanze, die mit einem ganz besonderen Flugerlebnis auf die Besucher wartet.

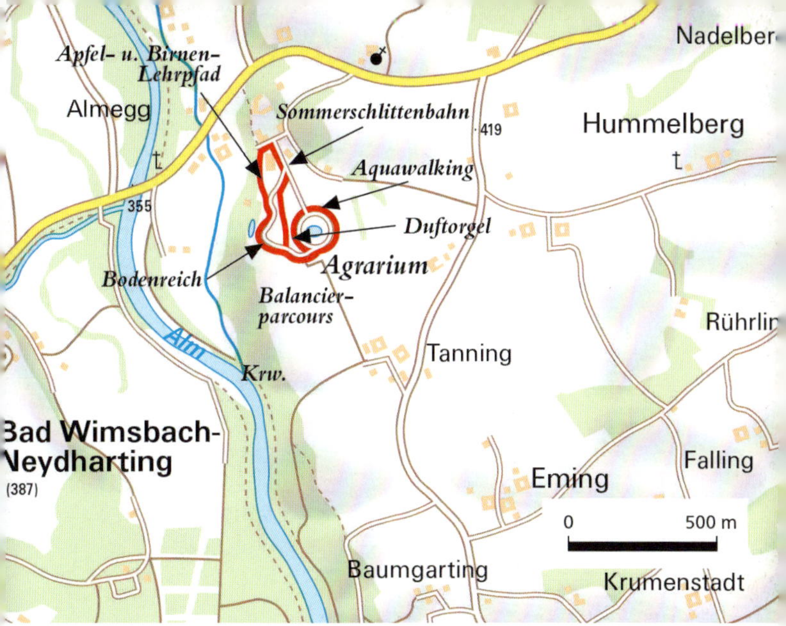

Auf einem Balancierparcours können wir unser Gleichgewichtsgefühl auf Baumstämmen, Metallstangen und sogar auf einer Slackline testen. Danach treten wir durch ein Holzportal in die „Duftorgel" ein: ein Kreis mit verschiedenen orgelpfeifenartigen Säulen, die mit Spritzhähnen versehen sind. Wir träufeln uns die jeweilige Substanz auf die Hand und müssen erschnuppern, welches Kraut – etwa Lavendel oder Anis – dahintersteckt. Beim Moon-Walking schlüpft man in einen sogenannten Zorb-Ball, der einer überdimensionalen aufblasbaren Seifenblase ähnelt, und versucht, damit über die Wiese zu gehen oder vielmehr zu kugeln – ein Vergnügen, das sich die wenigsten Besucher entgehen lassen wollen!

Natürlich kann man sich auch beim Go-Kart-Fahren ins Zeug legen und sich ein spannendes Rennen mit den Mitfahrern

liefern – wir hatten hier allerdings etwas Pech und erwischten ein Gerät mit plattem Reifen, was unseren Ehrgeiz aber nicht gebremst hat.

Beim anschließenden Aqua-Walking am Teich braucht es schon mehr Mut, um in eine der wasserdichten Kugeln zu steigen. Das wundersame Gleiten über die Wasserfläche mag ein gänzlich neues Bewegungsgefühl versprechen, wir ergraute

Männer identifizieren uns allerdings mehr mit dem liebevoll arrangierten Mostgarten und dem mit Lauben geschmückten Weingarten. Auch dem Skulpturengarten mit allerhand verschiedenen skurrilen Figuren können wir einiges abgewinnen. Ein weiteres Vergnügen zum Abschluss bietet die Schlittenbahn, bei der wir mit rollenbestückten Schlitten den Hang in Kurven bis zum Eingang hinuntersausen.

Zusätzliche Wanderung

Verfügt man nach all den Aktivitäten noch über genügend Energie, kann man sich vom Agrarium aus auf den Almauen-Agrarium-Erlebnisweg begeben. Wer diese Fleißaufgabe auf sich nimmt, wird mit Wald- und Wiesenwegen und wunderschönen Ausblicken auf den Almfluss belohnt (Länge 10,5 km; 3 Stunden Gehzeit).

Steyr

27 *Mühlsteinweg in St. Florian*

Auf dieser leichten Strecke durch eine hügelige Kulturlandschaft lernen wir das spektakuläre Barockstift St. Florian von allen Seiten kennen. Wir besuchen außerdem ein bäuerliches Freilichtmuseum.

Schwierigkeit	leicht bis mittelschwer. Der Weg ist generell gut mit Wegweisern beschildert, aber dennoch gibt es Stellen, die leicht in die Irre führen können.
Steigung	135 hm
Länge	9,7 km (ca. 2,5 Stunden Gehzeit)
Einkehr	Stiftskeller direkt im Hof des Stifts (www.stiftskeller.co.at) Landgasthof zur Kanne im Zentrum von St. Florian (www.gasthof-koppler.at)
Anreise	von Steyr über die B 115, B 309 und A1 Richtung Linz bis Ausfahrt St. Florian. Man folgt den Wegweisern zum Ort, auf der rechten Seite befindet sich das Stift. Kostenlose Parkplätze sind vorhanden. **Öffentlicher Verkehr:** Postbus Linie 412 von Linz Hbf. bis Haltestelle St. Florian Stift oder Bus Linie 421 von Steyr Bhf. nach Niederneukirchen Ortsmitte, dann Bus Linie 410 nach St. Florian Stift

Vom Stift St. Florian zum Ipfbach

Die Route beginnt vor dem Augustiner-Chorherrenstift St. Florian, dieses zählt zu den prunkvollsten Barockbauten Österreichs. Man kann die Stiftskirche und das Treppenhaus frei besichtigen, unbedingt empfehlenswert ist aber auch eine Führung durch die Bibliothek, den Marmorsaal und weitere Räumlichkeiten.

Von der Stiftstraße biegen wir rechts in die Brucknerstraße ein. Hinter dem Stift wenden wir uns nach rechts in die Schlagerstraße und folgen ihr bis zu einem Rastplatz hinter der Kirche. Hinter dem Friedhof lenkt uns ein Wegweiser nach links auf eine Treppe. Wir steigen hinauf und setzen unseren Weg (Am Ölberg) weiter bergauf bis zu einer Bank fort (1 km). Nun erspähen wir vor uns ein sanftes Tal, eingebettet in eine hügelige Kulturlandschaft mit verstreuten Obstbäumen.

Wir setzen unseren Weg nach oben nicht weiter fort, sondern wenden uns nach rechts in den Wilbirgweg, bald danach nach rechts hinab und dann nach links in den Preslmayr Weg. Nun befinden wir uns auf der anderen Seite des Stifts und können uns bei der Friedhofsmauer über Gott und die Welt unterhalten. Eine Treppe durch einen schattigen Laubwald leitet uns zur Stadt hinunter. Dort lenken uns Wegweiser nach rechts in die Wiener Straße und dann wieder nach links. So gelangen wir zu einem Wohngebäude der Lebenshilfe St. Florian. An dieser Stelle ist der weitere Streckenverlauf nicht ganz klar ersichtlich. Wir müssen uns gleich wieder nach links wenden, den Sportplatz passieren und bis zu den Bahngleisen (Im

Löblfeld) marschieren. Diesen folgen wir nach links, dann wandern wir auf einem Schotterweg durch Felder. In der Ferne erblicken wir nun den Renaissance-Stadtturm von Enns, dann zweigen wir nach rechts ab und überqueren die vielbefahrene Ipfstraße sowie den lauschigen Ipfbach (4,3 km).

Über Weilling zum Ausgangspunkt zurück

Nach 400 Metern gelangen wir zum bäuerlichen Freilichtmuseum Sumerauerhof, das in einem großen Vierkanthof untergebracht ist. Im Museum und etlichen Nebengebäuden sind nicht nur Bauernmöbel, sondern auch historische landwirtschaftliche Geräte zur Schau gestellt.

Vor dem Sumerauerhof wenden wir uns nach rechts und spazieren über Äcker bis nach Weilling (5,7 km). Dann steigen

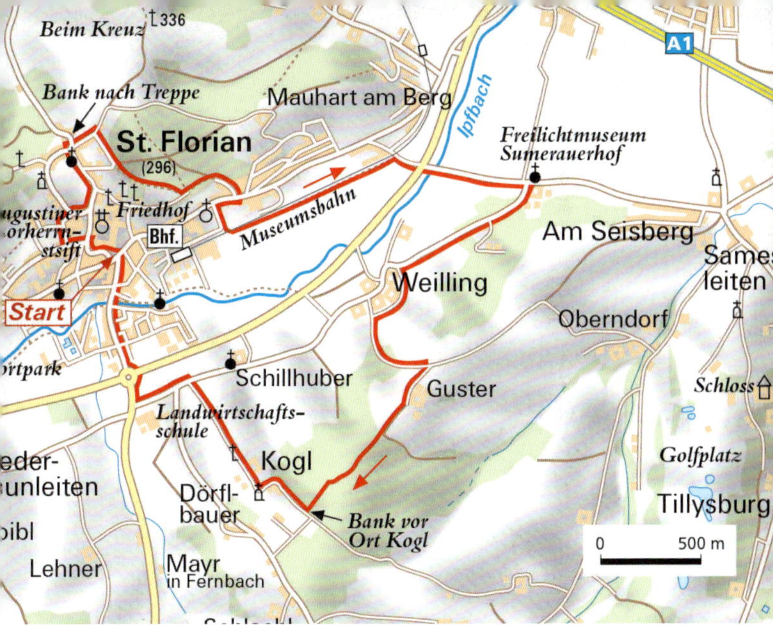

wir nach links hinauf. Schließlich lenkt uns ein Hinweisschild „Richtung Kogl 4a“ nach links in den Wald (Achtung, hier steht kein Donaurunde-Wegweiser!). Wir bleiben relativ lange auf dem Waldpfad und orientieren uns an den rot-weiß-roten Markierungen. Zuerst steigen wir weiter hinauf, dann verläuft der Pfad flach. Als wir wieder auf offenes Gelände kommen, lädt uns eine Bank am Waldrand zu einer Verschnaufpause ein (7,2 km). Ein paar Schritte weiter erreichen wir die Ortschaft Kogl, wo der Abstieg auf Asphalt beginnt. Wir gewinnen einen großartigen Ausblick auf das gewaltige Stift, das den Ort überragt. Vormittags sind die Lichtverhältnisse am besten. Bevor wir zur Ipfstraße (8,7 km) kommen, müssen wir uns nach links drehen, danach nach rechts. Anschließend marschieren wir über die Thann Straße wieder zum Stift zurück (9,7 km).

28 *Feyregger Rundwanderweg*

Von den Metallskulpturen und bunten Blumenbeeten des Bad Haller Kurparks bis zu den beeindruckenden Alpenblicken, die von bewaldeten Hügeln, Wiesen und Feldern umrahmt werden – diese Tour repräsentiert vor allem im Frühling die gesamte Farbpalette der Natur.

Schwierigkeit	leicht
Steigung	164 hm
Länge	9,6 km (ca. 2,5 Stunden Gehzeit)
Einkehr	Gasthaus Mayrbäurl in Pfarrkirchen, nach 1 km (Tel. 07258/2231) Jausenstation Schnürerhof in Pfarrkirchen, gegen Ende der Tour (www.schnuererhof.at) diverse Gastronomiebetriebe im Zentrum von Bad Hall
Anreise	von Steyr kommend auf der B 122 nach Bad Hall. Parkmöglichkeit beim Museum Forum Hall oder im Zentrum. **Öffentlicher Verkehr:** Postbus Linie 453 vom Steyrer City Point bis Bad Hall Busterminal. Von dort auf der Bahnhofstraße zum Hauptplatz bzw. Forum Hall

Vom Kurpark bis zum Gemeindeamt Pfarrkirchen

Wir starten beim Museum Forum Hall und besuchen den nahegelegenen Kurpark. Dort erquicken nicht nur farbenfrohe Beete mit Tulpen, Vergissmeinnicht und anderen Frühjahrsblühern unser Auge, sondern auch einige moderne Metallskulpturen, die von regionalen Künstlern angefertigt wurden. Sie bilden einen reizvollen Gegensatz zu den klassischen Figuren im Park. Dann halten wir uns zunächst an den gelben Wegweiser mit der Aufschrift „Feyregger Rundwanderweg Nr. 21" und biegen auf der Straße links ein. Hier merken wir uns als zusätzliche Orientierungshilfe die rot-weiß-rote Markierung, die uns talwärts führt. An den Hängen des Kurparkwaldes strecken uns zahlreiche Maiglöckchen ihre Köpfchen entgegen. Schließlich stoßen wir auf dem flach gewordenen Weg auf den Tassilo-Quelltempel, in dessen Vorhof man die aus einem Brunnen sprudelnde Quelle hinter einem Gittertor bewundern kann (0,6 km). Es handelt sich um die älteste Jod-Sole-Quelle Bad Halls, eine erste urkundliche Erwähnung fand bereits im Jahr 777 statt. Wir marschieren nun rechts am Bauwerk vorbei und stoßen auf den Gemeindegrenzstein von Pfarrkirchen. Die Laubbäume haben sich hier zu einem grünen Dach zusammengeschlossen und begleiten uns auf dem Petschgerweg bergauf. An einer Fahrstraße angelangt marschieren wir in Richtung der im Rokokostil erbauten Ortskirche. Unsere Route zweigt beim St. Georgsbrunnen links ab und führt an der Kirche vorbei. Dann wieder geht es links und danach gleich rechts am Gasthof Mayrbäurl vorbei.

Weg zur Tassiloquelle

Vor dem Gemeindeamt und der renovierten Volksschule wenden wir uns nach rechts (1,3 km).

Prachtvolle Alpenblicke auf dem Rückweg nach Bad Hall

Ab jetzt treffen wir immer wieder auf Bildstöcke vor dem Hintergrund des dicht verbauten Ortsteils Feyregg. Schließlich erreichen wir die hiesige Kalvarienbergkirche. Wir wandern rechts am Waldrand entlang, links begleitet von einem riesigen Feld. Schließlich betreten wir den Wald, der Weg fällt nun ab. Wir verlassen den Hain und überqueren eine Fahrstraße (2,5 km). Links geht es auf den Güterweg Schachinger, wo wir die Urbamühle aus der ersten Hälfte des 19. Jahrhunderts passieren. Der ebene Schotterweg wird auf beiden Seiten von kleinen Gewässern und einer Sumpflandschaft, aus der die Sumpfdotterblumen hervorstechen, gesäumt. Nun heißt es aufpassen: Bei einer Gabelung ohne Schild zweigt die Route nach rechts wieder in ein Waldstück ab, also nicht ins offene Gelände marschieren! Wir überqueren einen Bach; die Strecke steigt dann zu einem Jungwald hinauf, bis sie an einer Kreuzung nach rechts abbiegt. Der Weg beschreibt nun einen Linksbogen und führt ins offene Gelände hinaus, vorbei an Feldern und Gehöften, im Hintergrund bewaldete Hügelketten. Links lugen an einzelnen Stellen die Alpen zwischen den Bäumen hervor. Gleich darauf treffen wir auf

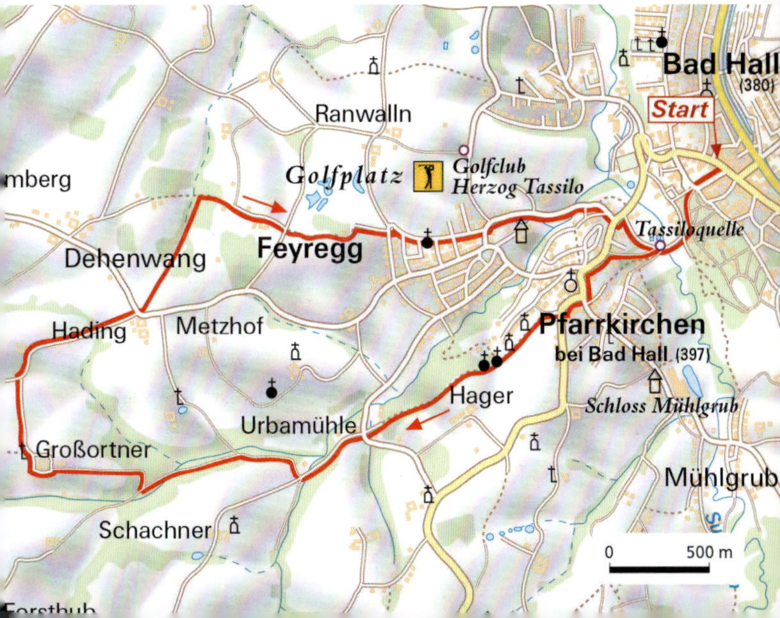

eine Truthahnfarm (4,4 km). Wir beschleunigen nun unseren Schritt und bestaunen eine bunte Szenerie aus leuchtenden Rapsfeldern, brachen Ackerflächen und einem Rundum-Panorama mit dem Toten Gebirge. Bei einem Bauernhof folgen wir der Straße auf einer Rechtskurve und können uns am prachtvollen Alpenblick kaum sattsehen. Dem Wegweiser artig folgend schlagen wir die linke Richtung ein und nehmen von der Höhenlage des Geländes Abschied. Bald schon erreichen wir das Golfplatzgelände (6,8 km) und gehen an den sanft geschwungenen Greens entlang, bis wir – nicht ohne vorher ein paar gekonnte Abschläge der Spieler beobachtet zu haben – auf ein Bänkchen stoßen. Anhand einer dort aufgestellten Panoramatafel können wir Namen und Lage

grandioser Bergriesen wie den Großen und Kleinen Priel oder die Teufelsmauer ausmachen. Anschließend marschieren wir in verbautes Gebiet, wo uns der Richtungspfeil an einer Kreuzung nach links und dann weiter nach rechts in eine Fahrstraße talwärts dirigiert. In einer Senke folgen wir der Straße nach links. Nun erscheint rechterhand das Schloss Feyregg. Danach schlängelt sich die Straße weiter nach unten. An der Talsohle angekommen begrüßt uns, nicht allzu weit entfernt, die Pfarrkirche von Bad Hall. Rechts hinauf, dann bei der Fahrstraße links und rechts zum Freibad mit der gegenüberliegenden Tassiloquelle marschieren wir das letzte Stück zum Kurpark und gelangen damit zum Ausgangspunkt zurück (9,6 km).

29 *Kremsmünsterer Rundwanderweg*

Wer nach dem ausgiebigen Rundweg mit einigen Steigungen noch genug Energie hat, kann bei dieser Tour zusätzlich zu den tollen Alpenblicken und den Felsenhöhlen des Tempetals auch noch das herrliche Stift Kremsmünster und Schloss Kremsegg besuchen. Wir beschränken uns diesmal auf die körperliche Herausforderung und fühlen uns wie ein Maler auf Erkundungstour, der die bunte Szenerie der Frühlingslandschaft auf die Leinwand bannen will.

Schwierigkeit	anspruchsvoll
Steigung	304 hm
Länge	15,1 km (ca. 4 Stunden Gehzeit)
Einkehr	Golfclub Herzog Tassilo nach 1,7 km (gcherzogtassilo.at), Mostheuriger Kuglbauer nach 9,6 km (www.kuglbauer.at), Jausenstation Schnürerhof in Pfarrkirchen (www.schnuererhof.at), Gastronomiebetriebe in Bad Hall und Kremsmünster
Anreise	von Steyr kommend auf der B 122 nach Bad Hall. Parkmöglichkeit beim Museum Forum Hall oder im Zentrum. **Öffentlicher Verkehr:** Postbus Linie 453 vom Steyrer City Point bis Bad Hall Busterminal. Von dort auf der Bahnhofstraße zum Hauptplatz bzw. Forum Hall

Von Bad Hall nach Kremsmünster

Wir starten beim Kurpark und folgen dem Wegweiser „Kremsmünsterer Rundwanderweg Nr.10". Hinter der Therme gehen wir links an der Pfarrkirche vorbei (hier auf die rot-weiß-rote Markierung achten!) bis zur Margarethenkapelle. Dort steigen wir die Pfarrstiege hinunter und gelangen zur Kremsmünsterer Straße. Wir passieren die 1872 erbaute Neumühle (0,7 km) und überqueren einen kleinen Fluss mit idyllischer Auvegetation. Die Straße steigt nun leicht an und zweigt bald links Richtung Eduardhöhe ab, hier müssen wir 143 Stufen überwinden. Vom Blankenbergergut aus eröffnet sich ein prachtvoller Rundblick: die Alpen, das Kremstal und das Donautal umgeben uns wie ein natürlicher Kragen. Ab Oktober ist dieses Panorama in prachtvolle Herbstfarben getaucht. Dem Wegweiser folgend biegen wir links ab und marschieren zuerst bergab, dann bergauf an einer Birkenallee vorbei, die das Golfparkgelände säumt. Wir erreichen das Golf-Clubhaus Herzog Tassilo, von wo aus wir eine schöne Sicht auf Bad Hall und Pfarrkirchen gewinnen (1,7 km). Anschließend marschieren wir rechts vom Clubhaus auf einen Schotterweg und genießen weiterhin das Panorama. Nach dem Ranwallnergut geht es rechts in einem Bogen an glücklichen Freilandhühnern vorbei. Ein Bänkchen mit Marterl lädt uns etwas abseits des Weges zu einer Rast ein (3,2 km). Zurück an der Strecke biegen wir auf einen Wiesenweg ein, passieren eine Anlage zur Rohöl-Aufsuchung und wandern auf flachem Gelände durch Wiesen, Äcker und Felder. Bei

einem Feld biegen wir rechts ab und steuern auf einen Wald zu. Wir bewegen uns an dessen Rand entlang und lauschen dem Rauschen der Bäume im Wind. Bald darauf halten wir uns bei einer Scheune links, gelangen zu einer Asphaltstraße und wenden uns nach rechts oben (Lassen Sie sich vom gelockerten Schild, das die Richtung nicht eindeutig anzeigt, nicht verunsichern). Bei einem Anwesen mit Pferdegestüt zweigen wir wieder links in einen Wiesenweg ab. Rechts vor uns breitet sich das Kremstal mit seinem Mosaik aus Hügelketten, Rapsfeldern und Äckern aus. Vom Wiesenweg wechseln wir nun auf einen Feldweg. Nach einer Rechtskurve

zweigt der Pfad bei einer Bank entlang einer Laubbaumallee erneut nach links ab (4,3 km).
Leicht abwärts marschieren wir weiter links in einen Wald, wo uns bald ein Schild nach rechts weist. Nach kurzem Abstieg gelangen wir auf eine Asphaltstraße, die wir überqueren und passieren ein Haus (Egendorf Nr. 12). Über Wiesen geht es nun weiter bergauf. Bei der Schieberstation eines Kraftwerks dirigiert uns der Wegweiser geradeaus. Hier rückt erstmals das Zentrum von Kremsmünster in unser Blickfeld – auf der linken Seite leuchtet uns ein gelb blühendes Rapsfeld entgegen. Eine Asphaltstraße, der wir rechts folgen, führt uns zum Ortsanfang von Kremsmünster (5,5 km), wo wir vor uns das Schloss Kremsegg entdecken.

Von Kremsmünster bis ins Tempetal

Bei der nächsten Gabelung orientieren wir uns links am Weg Nr. 10, wo ein Schild den „Baum mitten in der Welt" ankündigt. Wir erspähen das imposante Stift Kremsmünster vor uns, biegen links in die Grüntaler Straße ein und gehen leicht bergab. Am Ende der Straße marschieren wir auf einen Pfad, der – Achtung! – nicht nach links, sondern geradeaus die Wiese hinunter führt.

Über einen Bach geht es wieder nach links, an mächtigen Laubbaumalleen entlang. Hinter einem Waldeingang stoßen wir auf einen Tisch mit Bänken und auf eine sprudelnde Quelle, an der wir uns ausgiebig erfrischen (6,2 km). Ein kleiner Bach schlängelt sich linkerhand durch einen tiefen Graben. Zwei Eichhörnchen huschen über unseren Weg und sind, über die Bäume kletternd, genau so schnell wieder verschwunden. Wasser- und Sumpfpflanzen säumen unseren Weg, vielstimmiges Vogelgezwitscher komplettiert die Idylle. Nun tauchen auf der linken Seite überraschend noch zusätzlich imposante Felsengebilde auf, die von Höhlen durchzogen sind. Dieses Konglomeratgestein ist das Ergebnis einer intensiven Erosionstätigkeit von Flüssen – wir befinden uns hier im Tempetal.

Schließlich steigt der Waldweg tüchtig an, um dann wieder steil abzufallen. Am Ende des Abstiegs wartet ein weiterer Tisch samt Bank auf uns und andere rastbedürftige Wanderer, davor befindet sich ein kleiner Wasserfall.

Zum Aussichtspunkt „Baum mitten in der Welt“

Nach einem kleinen Anstieg weist unser Wegweiser vor dem Bach scharf nach rechts und wir wandern wieder eine Wiese am Waldrand entlang. Bald darauf zweigen wir rechts ab, wandern direkt an Strommasten vorbei und steuern bergauf auf eine Baumgruppe zu. Wir passieren einen renovierten Bauernhof und halten uns rechts. Ehe wir wieder links abbiegen, raubt uns der Duft eines ausladenden, üppig blühenden Fliederstrauchs fast den Atem. Wieder auf einer Asphaltstraße angekommen, erleben wir weitere Panoramaausblicke: direkt

Konglomerathöhlen im Tempetal

auf das Stift Kremsmünster, rechts auf das flimmernde Band der Alpen. In Guntendorf passieren wir einige Gehöfte und Häuser, biegen rechts ab und erreichen eine Anhöhe, auf der sich der kleine Aussichtsturm „Baum mitten in der Welt" erhebt (8,6 km), der die früher an dieser Stelle befindliche, mehrere Jahrhunderte alte Linde ersetzt. Eine Panoramatafel benennt fast alle der 90 Berge vor unseren Augen. Wir gehen nun einige Meter unseres Weges zurück, biegen rechts ab und befinden uns wieder auf dem mit „Nr. 10" beschilderten Weg. Vor uns schimmert weiterhin die Alpenkette in Blassblau-Weiß, ihr vorgelagert sind grünschattierte Hügelketten, Dörfer, Äcker, Wiesen, Felder und Baumalleen. Die Strecke mäandert nun hinunter zu einer Fahrstraße, der wir zum Mostheurigen Kuglbauer rechts folgen (9,6 km). 100 Meter zurück und links vorbei an einem schönen Gehöft mit kleiner Parkanlage führt die Strecke über ein Bächlein nach rechts, dann in einer Linksschleife nach oben. Wir umgehen links den ansehnlichen Schulerhof und zweigen dem Schild folgend in die Straße nach rechts ab. Auf relativ ebenem Weg gelangen wir zur Ortschaft Dehenwang; an deren Ende zweigt die Route nach links ab. Erst hier kehren wir der Kulisse des Alpenblicks den Rücken zu. Nach dem Gehöft Huemer geht es bergab in ein Wäldchen, wo wir auf nadelgepolstertem, ebenem Untergrund durch den Hag wandern. Schließlich verlassen wir die unberührte Natur und marschieren in offenem Gelände geradeaus auf Asphalt. Gleich nach dem Bauernhof Haidbauer stoßen wir wieder auf den Golfplatz und die prächtige Bergsicht (12,3 km) – hier halten wir uns geradeaus am Rand des Golfgeländes. An einem weiteren Wäldchen erfahren wir bei einer Rastbank von einer Alpen-Panorama-Tafel die Namen der Bergriesen vor uns: Großer Priel, Kleiner Priel, Teufelsmauer etc. Bald darauf sind wir im Siedlungsgebiet von Pfarrkirchen angelangt, folgen einer Fahrstraße erst links, dann wieder rechts bergab, die Pfarrkirche ständig vor Augen. Rechts erhebt sich das Renaissanceschloss Feyregg, in dem ein bekannter Limonadenhersteller in den 1970er-Jahren die größte Flaschenabfüllanlage der Welt betrieb. Bald gelangen wir in einer Talsohle zum letzten Green des Golfplatzes und schwenken hier nach rechts. Bei der Fahrstraße nach Bad Hall biegen wir links ab, gleich darauf nach rechts in die Schwimmbadstraße. Wir erreichen bald das Freibad und die gegenüberliegende Tassilo-Therme, überqueren einen Bach und nehmen schließlich den letzten Anstieg zu unserem Ausgangs- und Zielpunkt in Angriff (15,1 km).

30 Neukematner Rundweg

Bei dieser Runde sind wir hin- und hergerissen von den wechselnden Ausblicken auf die Alpen und das Kremstal mit Kremsmünster und dem dazugehörigen Stift. Von riesigen wogenden Getreidefeldern und üppigen Auvegetationen begleitet ziehen wir durch die Landschaft – auf dem Weg treffen wir auf zahlreiche schön restaurierte Bauernhöfe und durstlöschende Mostschenken.

Schwierigkeit	mittelschwer
Steigung	140 hm
Länge	11 km (ca. 3 Stunden Gehzeit)
Einkehr	Mostschenke Zwirn und Mostschenke Zinkl
Anreise	von Steyr auf der B 122 auf die Schiedlberger Landesstraße/Sierninger Westumfahrung abbiegen und bis zum Bahnhof Neukematen fahren **Öffentlicher Verkehr:** Postbus Linie 453 vom Steyrer City Point bis Bahnhof Rohr-Bad Hall. S-Bahn von Steyr und Linz nach Rohr-Bad Hall täglich im Stundentakt

Von Rohr bis zum Gehöft Grillenberger

Wir stellen unser Fahrzeug beim Bahnhof ab und marschieren die Straße zurück, die wir gekommen sind. Nach einer kleinen Gewerbezone stoßen wir auf die querende

Unterrohrstraße, wo uns das Schild „Neukematner Rundweg Nr. 13“ nach links leitet. Gleich wechselt der Wegweiser in einen rot-weiß-roten Richtungspfeil mit der Nummer 51. Wir durchqueren eine Siedlung mit gepflegten Häusern und Gärten, bis wir zum Ortsende von Rohr kommen.

Vor uns liegt nun ein von Weiden und Birken dominiertes hügeliges Biotop. Über eine Brücke queren wir den Sulzbach mit seiner lauschigen Aulandschaft samt kleiner Staustufe. Gleich darauf gehen wir an der Ahrmühle vorbei (0,8 km) und werden auf einem Alleenweg weiter vom rauschenden Gewässer begleitet. Bei den Bahngleisen, an denen wir nun entlang marschieren, verabschiedet sich der Sulzbach.

Der Wald, der die Kuppe vor uns bedeckt, ist nun schon zum Greifen nahe. Stille, unterbrochen von Vogelstimmen, umfängt uns. In einiger Entfernung zieht sich das blaugrüne Band des Bachs gemächlich dahin. Nach einigen hundert Metern verlassen wir den Bahnkörper und biegen scharf rechts in einen Waldweg ein.

Wir marschieren den Waldsaum entlang und bergauf durch hohes Gras an einer Mostobstbaumreihe vorbei, bis zu der Stelle, an der die Wiese gemäht und der Weg wieder leichter zu begehen ist. Links eröffnet sich der erste herrliche Blick auf das Kremstal.

Den Duft des frischgemähten Grases in der Nase, mit Sicht auf einen Waldkamm zur Linken und auf Wiesen und Felder zur Rechten, geht es weiter hinauf, bis wir das bemerkenswert schön renovierte Gehöft Grillenberger erreichen (2,2 km).

Vom Gehöft Grillenberger bis zum Bauern zur Edt

An einer urigen Scheune vorbei setzen wir die nun ebene Strecke zwischen endlosen Getreideflächen und einer langen Reihe von Mostobstbäumen geradeaus fort. Die Ruhe hier erscheint uns himmlisch, das Summen von Bienen und anderen Insekten scheint das Wohlgefühl noch zu verstärken. Hinter den Bäumen zeigt sich nun eine beeindruckende Bergkulisse, an deren Rand rechts der Traunstein auffällig ins Bild rückt. Am Ende der Allee beschreibt der Weg eine Rechtskurve und wir wandern durch üppige Felder weiter geradeaus. Das Alpenpanorama und die sich anschließenden bewaldeten Höhenzüge werden hier von eingestreuten Gehöften, Feldern und einzelnen Grünstreifen untermalt. Bei einer Kreuzung, an der ein Schild den Ort Neukematen ankündigt, zweigen wir rechts ab. Wir passieren einen Mischwald mit hohen Laub- und

Nadelbäumen, der Duft einer in voller Blüte stehenden Holunderhecke wirkt betörend. Plötzlich taucht die Silhouette von Neukematen mit der Kirche am Horizont auf. Ein bunter Streifen aus violetten und rosa Mohnblumen, stahlblauen Kornblumen und prächtigen Disteln bildet gleichsam die Vorhut zur nächsten Auenlandschaft, wo wir wieder einen Bach überqueren. Nun müssen wir noch einen kleinen, aber steilen Anstieg bewältigen, bis wir zum Ortsanfang von Neukematen gelangen (4,0 km). Ein Rechtsschwenk, und nachdem wir den schönen Turm der evangelischen Kirche gebührend begutachtet haben, verlassen wir den Ort. Auf offenem Gelände treffen wir erneut auf riesige Getreidefelder, in die Unwetter offensichtlich erst kürzlich tiefe Schneisen geschlagen haben. Wieder werden wir von imposanten Mostbaumalleen und dem hellblau-weißen Band der Alpen, das an sonnigen

Herbst- und Wintertagen stahlblau leuchtet, begleitet. Hinter der Ortschaft Brandstatt endet die Phalanx der Mostspender dann schließlich doch und der Weg biegt nach rechts ab. Nun gelangen wir talwärts zum schon bekannten Bach mit seinem grünen Auengürtel, dann geht es wieder bergauf zum Bauernhof Steinmayr, wo uns ein Marterl begrüßt. Hier beherrscht wieder der Alpenblick das Panorama. Auf ebenem Weg gelangen wir in einer Linkskurve zum Bauern zur Edt (6,2 km). Wir marschieren wieder hinunter, wobei wir rechts einen schönen Blick auf Kremsmünster samt Stift erhaschen.

Vom Bauern zur Edt retour nach Rohr

An einer Fahrstraße angelangt setzen wir über die Straße und wandern weiter bergauf zum Hof Schietal. Hinter dem Anwesen verläuft der Weg wieder flach, bis wir auf eine rot-weiß-rote Wandermarkierung stoßen. Hier kann man dem Pfeil bis zum Bauern Zauner folgen und dann, ausschließlich auf Asphalt, einen großen Rechtsbogen beschreiben. Wir bevorzugen allerdings die Abkürzung (ohne Wegweiser!) und marschieren in die Privatstraße Haselberg 17. Vor dem Gehöft Bühler biegen wir rechts auf einen Wiesenweg ein, gelangen in einer Linkskehre zum Bach hinunter, überqueren diesen und wandern neben ihm her, bis wir rechts hinauf einen Jägerstand ansteuern. Wir gehen am Rand eines Feldes, auf dem gerade junger Mais wächst, entlang und stoßen auf den Bauern am Zinklberg (7,4 km). Danach führt uns eine Asphaltstraße rechts mit vertrauter Sicht auf Kremsmünster talwärts. Die riesigen Getreidefelder wogen anmutig im Wind und wir treffen erneut auf die Ahrmühle (8,6 km). Auf dem folgenden bereits bekannten Streckenabschnitt kommen wir wieder zum Ausgangspunkt zurück (11 km).

31 Ennsfluss-Panoramaweg

Diese Wanderung führt auf beide Seiten der Landesgrenze – Haidershofen in Niederösterreich ist einen Katzensprung von Steyr in Oberösterreich entfernt. Wir pilgern zu einem beinah magischen Ort, an dem aus Wasser Elektrizität erzeugt wird. Die spätgotische Kirche von Haidershofen mit ihrem tausendjährigen Turm erinnert an die Zeiten, als 1485 ungarische Krieger das Land bis an die Enns eroberten.

Schwierigkeit	mittelschwer (die Tour verläuft sehr eben, ist aber ziemlich lang).
Steigung	50 hm
Länge	12,9 km (ca. 3,5 Stunden Gehzeit) Möglichkeiten für eine Verlängerung bei Staning.
Einkehr	Kirchenwirt Haidershofen (www.kiwihaiho.at), Xandlwirt Hainbuch (www.xandlwirt-hainbuch.eu)
Anreise	von Steyr über die B 122 und B 112a nach Haidershofen. Beim Schild „Haidershofen“, das rechts in den Gewerbepark dirigiert, geradeaus bleiben und dem nächsten gleichlautenden Hinweisschild nach links folgen. Kostenlose Parkplätze bei der Pfarrkirche. **Öffentlicher Verkehr:** mit dem Postbus/ÖBB Linie 620 oder 622 vom Bhf. Steyr bis Haidershofen Ort. Oder S-Bahn 1 vom Bhf. Linz bzw. Steyr nach Ramingdorf-Haidershofen.

Von Haidershofen bis Hainbuch

Unser Startpunkt ist die spätgotische Pfarrkirche, die uns mit ihrer massiven Bauweise beeindruckt und an längst vergangene Zeiten zurückdenken lässt. Obwohl das Bauwerk zum größten Teil um 1452 entstand, sind der tausendjährige Glockenturm und die Kapelle noch wesentlich älter als die restliche Bausubstanz. Von Haidershofen folgen wir dem ungepflasterten Panoramaweg Nr. 340, der unweit der Kirche beginnt. Er leitet uns zunächst die Enns entlang, wobei uns der dichte Waldsaum nur selten Durchblick zum Fluss gewährt. Schwäne, Lachmöwen und Reiherenten bevölkern das Gewässer, Bänke laden zur Erholung ein. Anschließend steigen wir ungefähr zehn Höhenmeter hinauf, wo die Route neben Eisenbahngleisen nun etwas weiter vom Fluss entfernt verläuft. Der Weg führt weiter auf und ab, dann durch eine Siedlung und links auf einen Kiespfad. Wir wandern nun durch einen Wald und gelangen zu einer Stelle mit Bank, von der aus man eine gute Sicht auf den Ort Maria im Winkl, der sich auf einem Vorsprung jenseits des Flusses befindet, hat (2,9 km).

Anschließend zweigen wir nach rechts in eine breitere Straße ab. Kurz danach dirigiert uns ein Wegweiser auf einen engen Waldpfad; hier muss man sehr gut auf die Beschilderung aufpassen! Der Weg leitet uns bald wieder direkt zum Fluss hinab, wo wir die Konglomeratbänke auf der entfernten Uferseite bestaunen. Es handelt sich hier um verfestigte Sand- und

Lehmbänke mit eingelagerten Steinen und Hohlräumen, die durch aus der relativ weichen Masse herausgelöste Ablagerungen entstanden sind. Schließlich gelangen wir zum Ort Hainbuch (4,5 km).

Zum Kraftwerk über die Enns

Eine Asphaltstraße leitet uns durch den Ort. Bei der Ennskraftstraße biegen wir links ab und überqueren den Staudamm auf einem Fußgängersteg. Das 1941 bis 1946 erbaute Laufkraftwerk mit einer Fallhöhe von 13,1 Metern erzeugt jährlich 203 Gigawattstunden sauberen Strom. Um Wassertiere passieren zu lassen und so die Artenvielfalt zu erhalten, wurde eine Fischtreppe, die aus einer Folge von abfallenden Becken besteht, errichtet. Allerdings bedeuten Laufkraftwerke dennoch

immer einen störenden Eingriff in natürliche Lebensräume. Es ist daher wichtig, einige Flussabschnitte unverbaut zu lassen. Mehr über das Kraftwerk erfährt man im Informationszentrum Staning (nur nach Vereinbarung: Tel. 07252/89122-413).

Nun besteht die Möglichkeit, die Wanderung auf der oberösterreichischen Flussseite fortzusetzen. Dort leitet der Radfahrweg R7 über Felder zu einem Wanderpfad (gelber Wegweiser „Steyr 9 km"). Wir überqueren aber wieder den Fluss, steigen eine steile Treppe hinauf und setzen den Panoramaweg fort (5,9 km).

Erneut tauchen wir in den Wald ein, steigen bei einer Kläranlage ein wenig bergab und durchwandern einen Auwald – hier breitet sich im Frühjahr der Bärlauch wie ein großer weißer Blumenteppich aus. Dann kommen wir an einigen Feldern vorbei; Wegweiser lenken uns zum Ort Unterburg hinauf. Über die Bahngleise gelangen wir zum Wartehäuschen einer Bushaltestelle (8,4 km). Von hier gewinnen wir Überblick über den zuvor durchschrittenen Auwald. Nach einem weiteren schattigen Waldabschnitt führt der Weg nun durch eine Feldlandschaft; in der Ferne bewundern wir die Erhebungen der Voralpen. Durch eine Unterführung wechseln wir auf die andere Seite der Gleise (9,7 km) und setzen unseren Weg fort – ab und zu werden wir durch einen aufschreckenden Fasan überrascht. In der Folge lenkt uns der Rückweg des Enns-Panoramawegs zwischen Bahngleisen und Wald weiter; der Fluss schimmert durch die Blätter der Bäume hindurch. Auf unserem Weg hinunter zum Ort passieren wir einige abgezäunte Privatgrundstücke. Schließlich baut sich wieder die markante Pfarrkirche vor uns auf und wir steuern auf unseren Ausgangspunkt zu (12,9 km).

32 *Rundwanderweg Steyr*

Das historische Stadtensemble von Steyr genießen oder nach Christkindl zur Wallfahrtskirche pilgern? Bei dieser Tour werden beide Highlights vereint. Außerdem können wir die müden Beine auf einer Sandbank ausstrecken und eine großartige Auenlandschaft auf uns wirken lassen.

Schwierigkeit	mittelschwer
Steigung	163 hm
Länge	11,4 km (ca. 3 Stunden Gehzeit)
Einkehr	Hotel und Restaurant Christkindlwirt nach 6 km (www.christkindlwirt.at), diverse Gastronomiebetriebe in der Innenstadt
Anreise	auf der Steyrer Straße B 309, dann weiter auf der Eisenstraße B 115 Richtung Tabor. Über die Michael-Blümelhuber-Straße B 122 bis zur Kaserngasse. Kostenlose Parkplätze in unmittelbarer Nähe der Stadthalle. **Öffentlicher Verkehr:** Buslinien 2 und 4 der Steyrer Linien bis Haltestelle Stadthalle

In die Innenstadt bis zum Stadtplatz

Wir gehen an der Stadthalle vorbei und halten uns so lange auf der Kaserngasse, bis diese in die Bogenhausstraße mündet. Bald folgen wir rechts dem Taborweg, der einen Waldstreifen mit hohen Laubbäumen entlang führt. An

einer Weggabelung wenden wir uns nach links hinunter zur Riederbrücke (1,2 km) und bestaunen eine Metallskulptur des Bildhauers Josef Holzinger. Auf einem Geh- und Radweg, der unterhalb der Fahrstraße verläuft, setzen wir über die Steyr. Hier genießen wir einen ersten tollen Blick auf das Schloss Lamberg, die Michaelerkirche und das Wachthaus Tabor, die allesamt über dem Fluss thronen. Auf der anderen Uferseite angekommen biegen wir links ab und bewegen uns wieder links flussaufwärts. Gegenüber wird der Strom von einer hübschen Häuserzeile gesäumt, die ihren architektonischen Höhepunkt in der barocken Michaelerkirche aus dem 17. Jahrhundert findet. Zwischen Kirche und Schloss fließt das Gewässer über ein Wehr. Wir marschieren unter einer Brücke, die ins Zentrum führt, durch und erblicken mit der Marienkirche, der Pfarrkirche und einer Reihe prächtig renovierter Bürgerhäuser weitere Teile des Stadtmosaiks.

Eine Bank lädt uns zu einer ersten Ruhepause ein, hohe Linden und Weiden säumen den Uferweg. Schließlich erreichen wir die Schönauerbrücke (2,6 km) und überqueren diese. Auf der anderen Brückenseite eröffnet sich uns unverhofft der Blick auf das umliegende Hochgebirge. Wir biegen rechts über den Grünmarkt Richtung Stadtplatz ab und durchschreiten das historische Doppeltor. Auf dem darauffolgenden Platz bewundern wir kunstvoll bemalte Fassaden und einen geschichtlich interessanten Brunnen. Danach zieht die eindrucksvolle gotische Stadtpfarrkirche, deren Bau fast 80 Jahre dauerte, unsere Aufmerksamkeit auf sich. Weiter geht es durch die Pfarrgasse zum Stadtplatz mit seinen prächtigen Bürgerhäusern, deren Stilelemente von der Gotik bis zum 19. Jahrhundert reichen – hier befindet sich auch das glanzvolle Rathaus, das im Rokokostil

erbaut wurde. Schließlich durchwandern wir die Enge Gasse und biegen scharf links in die Berggasse ein. Es empfiehlt sich, vorher einen Abstecher zur Zwischenbrücke vor der Michaelerkirche zu machen, um das wunderbare Flusspanorama auf sich wirken zu lassen.

Von Schloss Lamberg zur Wallfahrtskirche Christkindl

Die Berggasse empfängt uns mit einem ornamentreichen Tor und führt uns zum Schloss Lamberg hinauf (3,6 km). Von der ursprünglichen Festung aus dem Jahr 980 ist heute noch der mächtige Bergfried zu bewundern. Wir durchqueren den aufwendig renovierten Innenhof und gelangen durch einen Arkadendurchgang zum Schlosspark, in dem auf der rechten Seite auch eine elegante Orangerie angesiedelt ist. Wir spazieren durch die Anlage und zweigen an ihrem Ende an einer Gabelung in die Schweizer Gasse ab. Bei einer Serpentine folgen wir dieser links bergauf. Wir halten uns geradeaus, bis die Straße in den Christkindlweg mündet (4,5 km). Langsam nimmt der Weg an Höhe zu und führt uns neben einem dichten Waldstreifen und einigen Einfamilienhäusern über dem Fluss entlang. Nach einem einen Kilometer langen Marsch, der großteils auf ebenem Asphalt verläuft, taucht schließlich die Wallfahrtskirche Christkindl, die Anfang des 18. Jahrhunderts errichtet wurde, vor uns auf (6 km) – ihre Berühmtheit verdankt sie der wundersamen Genesung eines Kapellmeisters. Hinter der Kirche lädt der Christkindlwirt zu einer Rast ein.

Über die Auenlandschaft „Unterhimmel" zurück

Nach einer ausgiebigen Pause steigen wir gestärkt die Engelsstiege hinunter. Entlang dieser Stiege breiten sich mächtige Felsformationen, sogenannte Konglomerathänge, aus. Unten angekommen gelangen wir auf den Pufferweg, wo wir scharf rechts abbiegen. Bald darauf überqueren wir den Himmlitzer Bach. Wir befinden uns hier in einem Naturschutzgebiet, das wir auf der rechten Seite auf einem Schotterpfad oberhalb der Fahrstraße bewandern. Beim letzten Hochwasser wurde dieser Ortsteil offenkundig sichtlich mitgenommen, wie wir an einigen verfallenen, eingestürzten und noch nicht wieder aufgebauten Häusern erkennen können. Wir gelangen nun zur Drahtzieherstraße, marschieren links über einen

Bahnübergang und an einem Hundeabrichteplatz vorbei bis zu einer Brücke, von der wir eine großartige Sicht auf das sich vor uns ausbreitende Flusspanorama haben (7,8 km). Das Augebiet „Unterhimmel“ lässt mit seinen Flussnebenläufen, Sandbänken sowie der vielfältigen und üppigen Vegetation das Herz jedes Naturliebhabers höher schlagen. Nachdem wir die Umgebung auf uns einwirken haben lassen, biegen wir rechts in die Fabrikstraße ein und erreichen bald das St. Anna-Wehr. Wir setzen unseren Weg geradeaus auf der Fabrikstraße fort und durchqueren eine Unterführung bei Wiesenberg. Weiter wandern wir an einem Nebenarm der Steyr und an einer Kleingartensiedlung vorbei entlang. Tafeln an den Hausfassaden informieren uns über die lange Geschichte des jeweiligen Gebäudes (z.B. „Zum Blumenstöckl“ oder „Ledererhaus“). Über die Badgasse gelangen wir schließlich zur Michaelerkirche (10,7 km). Noch einmal tief durchschnaufen, um die letzte Anstrengung – das Erklimmen der Taborstiege – in Angriff zu nehmen. Nach 200 Stufen kommen wir beim Wachthaus Tabor aus dem Jahr 1480, das früher einen Teil der Stadtbefestigung bildete, an. Prachtvolle Ausblicke versöhnen uns mit der Müdigkeit gegen Ende der Tour: Das historische Stadtbild, der Fluss und die Bergpanoramen hinterlassen ein weiteres Mal großartige Eindrücke. An der Kreuzung entscheiden wir uns nun für die linke Richtung – die Gottfried-Koller-Straße – und biegen bei erster Gelegenheit links in die Industriestraße ein. Schließlich gelangen wir wieder zu unserem Ausgangspunkt bei der Stadthalle zurück (11,4 km).

33 Damberg-Panoramaweg

Langgestreckte Hügelketten soweit das Auge reicht - wir genießen traumhafte Ausblicke zu den Kalkalpen und nach Steyr und Garsten jenseits des Ennsflusses.

Schwierigkeit	mittelschwer; der Abstieg ist etwas steil und stellenweise steinig
Steigung	170 hm + 36 hm Dambergwarte
Länge	5 km (ca. 1,5 Stunden Gehzeit)
Varianten	1. Start von der Damberg-Siedlung aus (Verlängerung) 2. Vom Gasthof Schoiber auf Weg 6 direkt zur Warte (steiler, aber kürzer) 3. Von der Warte bis zum Windloch, dann zurück (Verlängerung).
Einkehr	Gasthof Schoiber (www.schoiber.at) – der Wirt hat nützliche Wandervorschläge parat
Anreise	von der Autobahn A 1 Richtung Steyr/Steyr-Zentrum/B 115. Dann bei St. Ulrich abbiegen und geradeaus durch den Ort zum Damberg hinauf. Beim Wegweiser „Gasthof Schoiber" rechts einschlagen – dort stehen Parkplätze zur Verfügung. **Öffentlicher Verkehr:** Postbus Linie 477 von Steyrer Bahnhof nach St. Ulrich. Die Haltestelle Damberg-Siedlung ist 1,8 km vom Gasthof Schoiber entfernt

Vom Gasthof Schoiber zur Dambergwarte

Wir starten beim Gasthaus Schoiber, von wo aus man bereits den Ausblick auf Garsten und Steyr genießen kann. Die nicht befahrene Fortsetzung der Anfahrtsstraße leitet uns zunächst bergauf; bald endet der Asphalt und wir marschieren auf einem Schotterweg durch einen Mischwald aus Bergahorn, Rotbuche und Fichte. Bei einem Hirschgatter erhaschen wir einen weiteren Talblick, dann, nach etwa 500 Metern, passieren wir eine Abzweigung nach rechts, die zu einer Kapelle führt. Die Route verläuft abwechselnd flach und steigt dann wieder gemächlich an. Bei einer Kreuzung (2 km) folgen wir dem Wegweiser „Dambergrunde" nach rechts auf einen Feldweg und tauchen bald wieder in einen Wald ein. Dort treffen wir auf eine Blindschleiche – die vorbeikommenden Kinder sind von der beinlosen Eidechse begeistert, die ihrerseits jedoch lieber wild schlängelnd das Weite sucht. Diese Tiere sind oft in Laubwäldern zu finden und machen sich meist morgens und abends auf die Jagd nach Beute. Packt man ein Exemplar beim Schwanz, bricht dieser leicht ab, damit die Schleiche buchstäblich Kopf und Kragen retten kann. Entgegen einem weitverbreiteten Aberglauben wächst der Schwanz jedoch nicht nach und die Echse bleibt zeitlebens verstümmelt, weswegen man die Tiere auf keinen Fall unnötig in Bedrängnis bringen sollte. Wir gehen immer weiter geradeaus und passieren eine Kreuzung. Der Weg steigt bis zur Dambergwarte weiter an (3 km), wo Picknicktische und Bänke zum Rasten einladen. Auf unserem Weg nach oben flitzen immer wieder Mountainbiker

an uns vorbei. Schon 1869 hat man hier einen Turm errichtet. Die Aussichtsplattform der gegenwärtigen, 36 Meter hohen Holzkonstruktion aus dem Jahr 1972 bietet einen eindrucksvollen Rundumblick. Aus der Vogelperspektive bewundern wir Steyr und Garsten, dann gleitet unser Blick über einen bunten Teppich aus Feldern im flachen Alpenvorland. Auf der anderen Seite der Plattform begeistern uns die endlos wirkenden langgestreckten Hügelreihen der Voralpen – die Gemeinde St. Ulrich befindet sich bereits in der Kalkalpen-Nationalparkregion. Während unserer Wanderung Anfang Oktober bevölkert ein Schwarm geflügelter Ameisen die Aussichtsplattform. Die Tierchen wollen offensichtlich einen neuen Staat auf unserem Haupthaar gründen, finden diese Unterlage aber dann doch zu dürftig für eine ordentliche Ameisen-Monarchie.

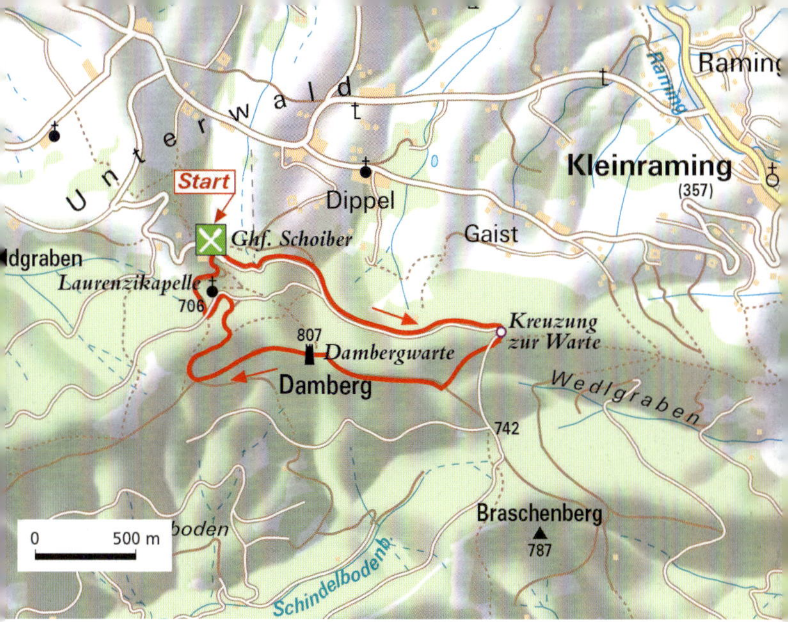

Von der Aussichtswarte zum Gasthof Schoiber zurück

Wir setzen die Route durch den Wald Richtung Windloch fort. Der beschilderte Pfad verläuft stellenweise relativ steil bergab; der Untergrund ist ziemlich steinig und deshalb weniger angenehm zu begehen als der bisherige Abschnitt. Nach ungefähr 700 Metern marschieren wir an einem rot-weiß-rot markierten Pfad, der rechts abzweigt, vorbei und erspähen bald eine große Wiese. Dort folgen wir einer nicht befahrenen Straße, die uns nach rechts zur Laurenzikapelle leitet. Hier zweigt auch ein Pfad nach links ab – dieser führt ebenfalls zu dem kleinen Gebetshaus, verläuft allerdings wesentlich steiler als unsere Route. Ein lohnender Talblick erwartet uns vor der 1864 errichteten Kapelle (4,3 km), über deren Gründung es mehrere Legenden gibt. Eine davon erzählt, dass ein

Jäger eines Nachts dem Teufel in Gestalt eines Waidmanns begegnet sein soll. Vergebens versuchte der Jäger zu entkommen, bis er schließlich gelobte, eine Kapelle zu bauen. Auf seiner Flucht gelangte er zu der Wiese, wo nun das Kirchlein steht. Das Fleckvieh, das jetzt friedlich auf ebendieser Wiese grast und einen geradezu perfekten Vordergrund für Aufnahmen der Voralpen-Landschaft bildet, erkennt man am weißen Gesicht, den weißen Beinen und der weißen Schwanzquaste, während das Fleckmuster am Körper stark variiert. Diese Rinderrasse ist sehr begehrt, weil die Tiere je nach Züchtung von den Bauern entweder als Milch- oder Fleischlieferanten genutzt werden können. Fleischkühe produzieren nur so viel Milch, wie sie für ihre Kälber benötigen, müssen also nicht ständig gemolken werden; deshalb sind sie pflegeleicht. Wir marschieren an der Vorderseite der Kapelle vorbei und setzen den Weg am anschließenden Waldpfad fort. Zuerst führt er hinab, dann beschreibt er eine Rechtskurve und bringt uns ans untere Ende der Kuhweide. Wir blicken noch einmal zur Kapelle hinauf und tauchen schließlich wieder in den Wald ein. Dort kurven wir nach links und steigen wieder zum Ausgangspunkt hinab (5 km).

Dambergwarte

durch unser Netz!
Ticket-
App
Einsteigen bitte!
Tickets!
LINZ AG LINIEN
Android
iOS
Mit der neuen
Ticket-App ist der
Fahrscheinkauf jetzt
noch komfortabler.
LINZ AG
LINIEN

Thomas Neuhold
85 neue Tagesrundtouren

Wer sagt, dass der Abstieg beim Wandern nicht genauso spannend sein kann wie der Aufstieg? Thomas Neuhold hat 85 neue Tagesrundtouren zusammengestellt: Vom Alpenvorland bis zu den Hohen Tauern, vom Kaisergebirge bis zum Dachstein. Mit Kartenskizzen, Einkehrtipps und Alternativrouten.

11,5 x 18 cm, französische Broschur, durchgehend farbig bebildert, 192 S., 978-3-7025-0817-3, € 22,–

Christine und Michael Hlatky
Bergwandern mit Hund

Die drei großen „W“ – Wasser, Weidevieh und Wild – bilden wichtige Fragestellungen für all jene, die die Bergwelt mit Hund erkunden möchten. 40 Touren quer durch Österreich mit Wegbeschreibungen, Schwierigkeitsgraden, Anforderungen an den vierbeinigen Begleiter, Tipps und Wanderkarten.

11,5 x 18 cm, französische Broschur, durchgehend farbig bebildert, 192 S., 978-3-7025-0709-1, € 22,–

Tatjana Rasbortschan
75 Lehrwege und Erlebnispfade

Außergewöhnliche Wandererlebnisse in Oberösterreich, Salzburg und Berchtesgaden laden zum Entdecken ein – inklusive umfangreicher Informationen zu Einkehr, Rastplätzen, Kinderwagentauglichkeit oder Winterwanderwegen. Genießen Sie besondere Wandererlebnisse für Herz und Hirn!

11,5 x 18 cm, französische Broschur,
durchgehend farbig bebildert,
216 S., 978-3-7025-0707-7, € 22,–
eBook 978-3-7025-8031-5, € 14,99

Regina Patsch, Henry Steinböck
Feinspitz in Linz und Umgebung

Ein schneller Drink auf einem Donauschiff, Kaffee in der Altstadt, Bier an der Donau oder Kochkunst auf Spitzenniveau? Neben der bekannten Linzer Torte haben Linz und dessen Umgebung viel Kulinarisches zu bieten. Begeben Sie sich auf eine aufregend genüssliche Entdeckungsreise.

11,5 x 18 cm, französische Broschur,
durchgehend farbig bebildert
176 S., 978-3-7025-0811-1, € 19,95
Deutsch/Englisch